بسم الله الرحمن الرحيم

"Bu kitabın Türkçe metni,
Polen Yayınları tarafından yayınlanmış olan
"*Günahların Dünya ve Ahiretteki Karşılığı*"
isimli kitabın 97-.204 sayfalarından alınmıştır."

Tercüme
Mustafa Öztürk

Tashih
Polen

Sayfa Düzeni
Osman Arpaçukuru

Kapak Tasarımı
Polen

Baskı
Kilim Matbaacılık

POLEN YAYINLARI

Soğanağa Camii Sok. Büyük Tulumba Çıkmazı No: 5/9 Beyazıt / İSTANBUL
Telefon: 0 212 516 42 44
www.polenkitap.com / www.karincakitap.net

Günahların Ahiretteki Karşılığı

Ahmed Ferid

POLEN

İÇİNDEKİLER

GÜNAHLARIN KIYAMET GÜNÜNDEKİ CEZALARI

Giriş

Bugün birçok müslüman Mürcie fırkası gibi düşünmektedir. Mürcie, reca/umut bildiren ayet ve hadisleri toplayıp şeriatı sadece onların ışığında anlamaya çalışan kimselerdir. Halbuki, tek bir ayet ya da hadisten yola çıkarak genel bir hükme varmak caiz değildir. Aynı şekilde şeriatın delillerini, diğer bazı delilleri göz önüne almaksızın ele alıp anlamaya çalışmak da caiz değildir.

Ama bidatçilerin yöntemi şöyledir: Onlar önce kendi kafalarından bir takım kurallar koyarlar; daha sonra da Kur'ân ve sünnete bakarlar. O ikisinden kendi görüşlerine uyanları alırlar; kendi görüşlerine zıt olanları ise ya reddederler ya da tevil ederler.

Mürcie'nin yaptıklarına karşılık olarak da onların tam zıttı olan tehditçiler yani Hariciler ve Mutezile fırkası ortaya çıkmıştır. Bunlar da tehdit bildiren hadisleri toplamış ve dini onların ışığında anlamaya çalışmışlardır.

Daha sonra ise Allah sevgisinden bahseden ayet ve hadisleri toplayıp dini bunlarla anlamaya çalışan tasavvufçu bir grup daha ortaya çıkmıştır. Seleften bazıları şöyle demiştir:

"Kim sadece sevgi ile Allah'a kulluk ederse zındık olur. Kim de sadece korku ile O'na kulluk ederse o da haricilerdendir. Sadece reca/umutla kulluk edense mürciedir. Ama sevgi, korku ve reca/umutla Allah'a kulluk eden kimse ise tevhid ehli bir mümindir."

Ben derim ki, müslümanlarda Mürcie düşüncesi kendiliğinden oluştu. O Mürcie ki, ameli imandan ayırmış ve "İman, dil ile ikrar, kalp ile tasdiktir." demiştir. Onlara göre şehadet getiren ve Peygamber'in (s.a.v) getirdiklerini kalbiyle tasdik eden herkes kamil iman sahibidir. Yine onlar imanın artıp eksilmediğini, iman sahibi kimselerin imanlarının eşit olduğunu ve iman sahibi kimseye işlediği günahın zarar vermeyeceğini söylemişlerdir.

Ehl-i sünnet ise bütün bu konularda onlara muhalefet etmiş ve şöyle demiştir: İman, söz ve ameldir, yani dil ile ikrar, kalp ile tasdik ve azalarla amel etmektir. İman artar ve eksilir. İman ehlinin imanları eşit değil farklı derecelerdedir: Ebû Bekir'in imanıyla ümmetin fasıklarının imanı bir değildir. Ve günahlar sahibine hem dünyada hem de ahirette zarar verir.

Bu konunun ayrıntıları akaid kitaplarında mevcuttur. Burada bizi ilgilendirense günahlardan sakındırmak ve onların hem dünyadaki hem de ahiretteki cezalarını açıklamaktır. Ki böylece biri kalkıp da bütün müslümanların hesapsız ve cezasız bir şekilde cennete gireceğini zannetmesin. Zira bu düşünce Kur'âna, sünnete ve bu ümmetin en önde gelenlerinin icmasına aykırıdır. Nitekim Allah da (c.c) bu yanlış görüşü şöyle reddetmektedir:

"Yoksa kötülük işleyenler ölümlerinde ve sağlıklarında kendilerini, inanıp iyi ameller işleyen kimseler ile bir mi tutacağımızı sandılar? Ne kötü hüküm veriyorlar!"[1]

Hiç şüphesiz, dini bilmemek ve günahların cezalarından haberdar olmamak insanları günahlara karşı cüretkar yapıyor. Allah'a çağıranlara düşen görevse insanları içine düştükleri tehlikeye, Allah'ın gazabına ve O'nun azabına duçar olmaya karşı uyarmaktır.

1 Câsiye, 21.

Yine insanların çoğu Allah'ın emir ve yasaklarını hafife aldıkları ve cezalarını bilmediklerinden dolayı hızla günahlara daldıkları için davetçiler, onları Allah'ın büyüklüğü konusunda uyarmaları gerekir. Onlara Allah'a itaat edip O'na isyan etmemeleri; O'nu daima anıp hiç unutmamaları ve O'na şükredip kesinlikle nankörlük etmemeleri gerektiğini anlatmalıdırlar. Yine onlar davetlerinde Allah korkusunu temel almalı ve insanlara ümitli olmakla kendini kandırmak arasındaki farkı açıklamalıdırlar ki *"helâk olan açık bir delille (gözüyle gördükten sonra) helâk olsun, yaşayan da açık bir delille yaşasın. Çünkü Allah hakkıyla işitendir, bilendir."*[2]

Bunun sebebi de, belki Allah'tan korkarlar ümidiyle insanlara doğruları anlatmak ve onlar için Allah'a karşı sunacakları bir mazeret bırakmamaktır. Zira bu peygamberlerin ve onların yolunu izleyenlerin görevidir. Şimdi de esas görevimize, gerçekleri anlatmaya geçelim.

GÜNAHLARIN KIYAMET GÜNÜNDEKİ CEZALARI

1. Zekat vermeyenin cezası

Dr. Ömer Süleyman el-Eşkar şöyle diyor:

"Allah'ın kullar üzerindeki en büyük haklarından biri zekattır. Zekat maldan verilen haktır. Mallarının zekatı vermeyenler mahşer meydanında o mallarla azap göreceklerdir. Bu konudaki deliller bu azabın birkaç farklı şekilde olacağını bildirmektedir:

a. Zekat vermeyenin malı kel başlı, zehirli ve gözlerinin üstünde iki siyah benek olan bir yılana dönüşür ve sahibinin boynuna dolanır. Sonra da "Ben senin malınım! Ben senin hazinenim!" diyerek onun çene kemiklerinden ısırır. Buhârî'de, Ebû Hureyre'den rivayet edilen bir hadiste Peygamber (s.a.v) şöyle buyuruyor:

2 Enfâl, 42.

"Allah kime mal verir de o da zekatını vermezse, kıyamet gününde malı kel başlı, zehirli ve gözlerinin üstünde iki siyah benek olan bir yılana dönüşür ve sahibinin boynuna dolanır. Sonra da "Ben senin malınım! Ben senin hazinenim!" diyerek onun çene kemiklerinden ısırır.' Sonra Peygamber (s.a.v) şu ayeti okudu: *"Allah'ın, kereminden kendilerine verdiklerini (infakta) cimrilik gösterenler, sanmasınlar ki o, kendileri için hayırlıdır; tersine bu onlar için pek fenadır. Cimrilik ettikleri şey de kıyamet gününde boyunlarına dolanacaktır."*[3]

Hadiste geçen kel başlı yılan, çok zehirli olmasından dolayı başının tüyleri dökülmüş erkek yılan demektir. "Zebîbetân" ise yılanın iki gözü üstündeki iki kara benek demektir.

b. Zekatı verilmeyen mal aynen getirilir. Şayet mal altın ve gümüş ise ateşten levhalar haline getirilir ve onlarla sahibine azap edilir. Eğer mal, deve, sığır ya da koyun gibi hayvan cinsinden ise sahibinin üzerine salınır ve bu şekilde ona azap edilir. Allah (c.c) şöyle buyuruyor:

"Altın ve gümüşü yığıp da onları Allah yolunda harcamayanlar yok mu, işte onlara elem verici bir azabı müjdele! (Bu paralar) cehennem ateşinde kızdırılıp bunlarla onların alınları, yanları ve sırtları dağlanacağı gün (onlara denilir ki): "İşte bu kendiniz için biriktirdiğiniz servettir. Artık yığmakta olduğunuz şeylerin (azabını) tadın!""[4]

Müslim'de Ebû Hureyre'den rivayet edilen bir hadiste Peygamber (s.a.v) şöyle buyuruyor:

"Zekâtı verilmeyen her altın ve gümüş, kıyamet günü levha haline getirilir ve ateşte kızdırılarak sahibinin yanları, alnı ve sırtı bunlarla dağlanır. Bu levhalar soğudukça, süresi elli bin sene olan bir günde kullar arasında hüküm verilinceye kadar sahibine

---

3 Buhârî, Zekât, 3/268. Ayet, Âl-i İmrân, 180.

4 Tevbe, 34-35.

azap için tekrar kızdırılır. Neticede kişi, yolunun ya cennete ya da cehenneme çıktığını görür."

'Ey Allah'ın Resûlü! Peki zekâtı verilmeyen develerin durumu nedir?, dediler. Peygamber (s.a.v) şöyle buyurdu:

'Hakkı ödenmeyen her deve sahibi, -ki su başlarına geldikleri zaman sağılıp sütünün muhtaçlara dağıtılması da bu haklar arasındadır- kıyamet günü düz ve geniş bir sahaya yatırılır. O develer de en semiz hallerinde ve bir tek yavru bile dışarıda kalmamak şartıyla o kişiyi ayaklarıyla çiğner ve dişleri ile ısırırlar. Öndekiler geçtikçe arkadakiler gelir (aynı şeyi yapar). Süresi elli bin sene olan bir günde insanlar hakkında hüküm verilinceye kadar bu böyle devam eder. Neticede kişi, yolunun ya cennete veya cehenneme çıktığını görür." [5]

Hadisin devamında Peygamber (s.a.v) zekatı verilmeyen sığır ve koyunları da zikreder.

Sahipleri bu malları Allah'tan (c.c) daha çok sevdikleri için onlara o mallarla azap edilir. Allah'tan başka şeyleri seven ve bu sevgisi de Allah için olmayan herkese şüphesiz sevdiği şeyle azap edilecektir. Nitekim şöyle bir söz vardır:

"Sevdiklerin tarafından öldürülen sensin;
Öyleyse sevmek için dilediğini seç kendine"

İnsanlar, malı makam mevki için istediklerinde Allah onların yüzlerini çirkinleştirdi; sırtlarını o mallara dayadıklarında da sırtlarını çirkinleştirdi.

* * *

---

5 *el-Akîde fî Dav'i'l-Kitâbi ve's-Sünneti el-Yevmu'l-Âhir el-Kıyâmetu'l-Kubrâ*, Mektebetu'l-Felâh, s.144-145. Hadis, Müslim, Zekât, 7/64, 65, 66.

2. Elbisesini yerlerde sürüyen, iyiliği başa kakan ve malını yalan yeminle satanın cezası

Ebû Zer'den (r.a) Peygamber'in (s.a.v) şöyle dediği rivayet edilmiştir:

"Üç sınıf insan vardır ki, Allah (c.c) kıyamet gününde onlarla konuşmaz, onların yüzüne bakmaz ve kendilerini temize de çıkarmaz. Onlar için can yakıcı bir azâp vardır." Hadisin râvisi diyor ki: 'Resûlullah (s.a.v) bu ayeti üç defa okudu.' Bunun üzerine Ebû Zer:

'Ziyana uğradılar ve zarar ettiler; onlar kimlerdir yâ Resûlallah?, dedi. Peygamber (s.a.v) de şöyle buyurdu: 'Elbisesinin eteğini yerde sürüyen, yaptığı iyiliği başa kakan ve ticaret malını yalan yere yeminle satmaya çalışan kimsedir."[6]

Nevevî (rh.a.) şöyle diyor:

"Allah (c.c) kıyamet gününde onlarla konuşmaz, onların yüzüne bakmaz, ifadesinin, 'Allah, onlarla hayır ehli kimselerle konuştuğu gibi onlardan razı bir şekilde konuşmaz; aksine gazaba uğrayanlarla konuştuğu gibi konuşur.' anlamına geldiği söylenmiştir. Yine bunun Allah'ın onlardan yüz çevireceği anlamında olduğu da söylenmiştir. Müfessirlerin çoğunluğu ise, 'Allah onlarla, kendilerine bir fayda sağlayacak ve onları memnun edecek bir şekilde konuşmaz, demişlerdir.

'Kendilerini temize de çıkarmaz.' ifadesi ise onları günah kirlerinden arındırıp temizlemez, demektir. Zeccâc ve diğer bazı alimler ise bunun manasının, 'onlara övgüde bulunmaz' demek olduğunu söylemişlerdir.

'Elem verici azap' ise 'acı verici bir azap' demektir. Vâhidî şöyle der: 'O, acısı kalplere ulaşan bir azaptır. Azap ise, insanı yoran ve ona sıkıntı veren her şeydir. Arap dilinde, azap kelimesinin kökü engellemek anlamına gelen 'azb' kelimesidir. Araplar bir

---

6 Müslim, İmân, 2/114, 115; Nesâî, Buyû', 7/245.

şeye engel olduklarında, 'ona azab ettim' derler. Yine bu kelime 'kendini alıkoymak, engellemek' anlamına da gelir. Tatlı suya da 'azb' denir; zira o da susamaya engel olur. Cezalandırılan kimseyi bir daha aynı suçu işlemekten alıkoyduğu ve başkalarının da aynı suçu işlemesini engellediği için de cezaya azap denmiştir. En iyisini Allah bilir."[7]

Hadiste geçen "müsbil" kelimesi, izar/peştamal cinsi belden aşağı giyilen elbiseyi yerde sürünecek kadar bolca sarkıtan kimse demektir.

İbn Cerîr et-Taberî de şöyle der: "Hadiste sadece izarın sarkıtılmasından bahsedilmesinin sebebi, onların en çok giydiği elbisenin o olması sebebiyledir. Bununla birlikte fistan vb. diğer elbiseler de bu hadisin hükmüne girer."

Nevevî şöyle der:

"Peygamber (s.a.v) bir başka hadisinde bu konuya açıklık getirmiştir. Zira Sâlim b. Abdullah'ın babasından yaptığı bir rivayette Peygamber (s.a.v) şöyle buyurmaktadır: 'İzar, fistan ya da sarık... Her kim bir şeyi kibirlenerek yerde sürürse, kıyamet günü Allah onun yüzüne bakmaz.' Bu hadisi Ebû Dâvûd, Nesâî ve İbn Mâce hasen bir senedle rivayet etmiştir. Allah her şeyin en iyisini bilir."[8]

Bu cezaların aynısı, zina eden yaşlı, yalan söyleyen idareci, kibirli fakir, ihtiyacından fazla suyu olup da yolculara o sudan vermeyen kişi, müslüman bir idareciye dünyalık için biat eden ve kendisine dünyalık verilince görevini yerine getiren, verilmezse de getirmeyen kimse için de geçerlidir. Zira Müslim, Ebû Hureyre'den (r.a) rivayet ettiği bir hadiste Peygamber şöyle buyuruyor:

"Üç grup insan vardır ki, Allah (c.c) kıyamet gününde on-

7 *Şerhu'n-Nevevî alâ Sahîhi Müslim*'den kısaltarak. 2/116.
8 *Şerhu'n-Nevevî alâ Sahîhi Müslim*, 2/116.

larla konuşmayacak, onların günahlarını temizlemeyecek ve onların yüzüne bakmayacaktır; ayrıca onlar için elem verici bir azap da vardır: Zina eden yaşlı, yalan söyleyen idareci ve kibirli fakir."[9] Bu hadis hakkında Kâdî İyâd'ın yaptığı açıklama daha önce geçmişti. Yine Ebû Hureyre'den (r.a) rivayet edilen diğer hadiste ise Peygamber (s.a.v) şöyle buyuruyor:

"Allah Teâlâ kıyamet gününde üç kişiyle konuşmaz, yüzlerine bakmaz ve kendilerini temize çıkarmaz; onlar için acıklı bir azâb vardır:

Biri, çöllük bir yerde ihtiyacından fazla suyu olup da onu yolculardan esirgeyen kimse. Diğeri, ticaret malını ikindiden sonra satarken, onu şu kadar fiyata aldım diye Allah adına yemin eden ve bu söylediği gerçek olmadığı halde müşterinin kendisine inandığı kimse. Öteki de, bir devlet başkanına sadece dünyalık elde etmek için biat sözü veren, kendisine dünyalık verirse sözünde duran, vermezse de sözünden cayan kimsedir."[10]

3. Kibirlenenlerin cezası

Amr b. Şuayb, babasından o da kendi babasından Peygamber'in (s.a.v) şöyle buyurduğunu rivayet etmiştir:

"Kibirlenenler kıyamet günü, insan suretinde küçük karıncalar şeklinde haşredilirler. Onları dört bir yanından zillet bürür. Cehennemde, bûles denilen bir zindana götürülürler. Sıcağı çok şiddetli olan ateşler onları sarar ve tînetu'l-habâl'dan, cehennem halkının irinlerinden onlara içirilir."[11]

İbnü'l-Esîr şöyle der:

"Tînetu'l-habâl'ın açıklaması bazı hadislerde şöyle geç-

9 Müslim, Îmân, 2/115.

10 Müslim, Îmân, 2/115; Buhârî, Musâkât, 5/34.

11 Tirmizî, Ebvâbu Sıfati'l-Kıyâme, 9/1203, 1204. Tirmizî, bu hadisin "hasen sahih" olduğunu belirtir.; Ahmed, 2/179; Elbânî de bu hadisin hasen olduğunu söyler. *Camiu'l-Usûl*'un tahkikinde de hasen olduğu belirtilmiştir.

mektedir: Peygamber'e (s.a.v), Tînetu'l-habâl nedir ey Allah'ın Resûlü? diye sorulur. Peygamber (s.a.v) de, 'O, cehennem halkının irinleridir.' buyurur."[12]

Dr. Süleymân el-Eşkar da şöyle der:

"Hadiste geçen 'zerr' küçük karınca demektir. Dolayısıyla insanlar onları dikkate almaz ve farkında bile olmadan onları ayaklarıyla ezer geçerler.

Allah (c.c) kibirlenenlerden nefret ettiği gibi, onların kibir ve yücelik taslayarak kendilerine taktıkları isimlerden de nefret eder. İşittiklerinde sevinip şımardıkları bu isimler, Allah için en çirkin, en iğrenç ve en nefret verici isimlerdir. Buhârî, Müslim ve Tirmizî Ebû Hureyre'den (r.a) Peygamber'in (s.a.v) şöyle dediğini rivayet etmişlerdir:

"Allah katında isimlerin en çirkini, 'melikler meliki/bütün mülklerin sahibi' diye adlandırılan kimsenin ismidir." Müslim'in rivayetinde fazladan şöyle bir ifade de yer almaktadır: "Allah'tan başka melik yoktur."[13]

Yine benzer bir hadisi Müslim ve Ahmed Ebû Hureyre'den (r.a) şu lafızlarla rivayet etmişleridir:

"Kıyamet gününde en çirkin ve Allah'ın en çok gazaplanacağı kimse melikler meliki diye adlandırılan kimsedir. Zira Allah'tan başka melik yoktur."[14]

Kâdî Iyâd şöyle der: 'Hadiste geçen 'ahnau' kelimesi, isimlerin en hakiri demektir.' İbn Battâl ise şöyle der: 'Şayet bu isim, isimlerin en hakiri ise, o isimle adlandırılan kimse çok daha fazla hakir demektir."[15]

---

12 *Camiu'l-Usûl*, 10/616.

13 Buhârî, Edeb, 10/588; Müslim, Âdâb, 14/121; Beğavî, *Şerhu's-Sünne*, İsti'zân, 12/336.

14 Müslim, Âdâb, 14/122.

15 *el-Akîde fî Dav'i'l-Kitâbi ve's-Sünneti*, el-Kıyâmetu'l-Kubrâ, s.144-145.

4. Ölülerin arkasından dövünerek ağlayıp da ölmeden önce tevbe etmeyen kimsenin cezası

Ebû Mâlik el-Eş'arî (r.a) Peygamber'in (s.a.v) şöyle dediğini rivayet etmiştir:

"Ölülerin arkasından bağıra çağıra ve dövünerek ağlayan ve ölmeden önce de tevbe etmeyen kadın kıyamet gününde üzerinde katrandan bir gömlek ve uyuzlu bir elbise ile kabrinden kaldırılır."[16]

Nevevî (rh.a.) bu hadisin şerhinde şöyle der:

"Bu hadis ölünün arkasından ağıtlar yakarak ağlamanın haram olduğunu göstermektedir ki bu konuda fikir birliği edilmiştir. Yine bu hadis, insanın can boğaza gelmeden önce yapacağı tevbenin geçerli olacağını da göstermektedir."[17]

Ümmü Atiyye'den (r.a) şöyle rivayet edilmiştir: "Peygamber (s.a.v) biat esnasında biz kadınlardan ölülerin arkasından bağırıp çağırarak ve dövünerek ağlamayacağımıza dair söz aldı. Ancak bizden beş kadın bu sözünü tuttu. Onlardan biri de Ümmü Süleym'dir."[18]

Nevevî bu hadis hakkında şunları söylüyor:

"Bu hadis, ölünün arkasından ağıt yakarak ağlamanın haram ve çok çirkin bir davranış olduğunu, yasaklanması ve yapanların da engellenmesi gerektiğini göstermektedir. Çünkü bu davranış, üzüntüyü artırır ve sabrı ortadan kaldırır. Ayrıca burada, Allah'ın kaderine karşı gelme ve O'nun emrine boyun eğmeme de söz konusudur."[19]

---

16 Müslim, Cenâiz, 6/235.

17 *Şerhu'n-Nevevî*, 6/236.

18 Müslim, Cenâiz, 6/237.

19 *Şerhu'n-Nevevî*, 6/237, 238.

5. Ganimet malından çalmanın cezası

Günahların berzah alemindeki cezaları konusunda, ganimet malından çalınan şeyin ateş olup çalan kimseyi kabrinde yakacağı geçmişti. Bu kimsenin kıyamet günündeki cezasına gelince; o, çaldığı şeyi boynunda taşıyacak ve bu şekilde mahşer meydanında bir sürü sıkıntı çekecektir. Çekeceği bu sıkıntı ve rezillik çaldığı şeye göre ya az olacaktır ya da çok. Allah (c.c) şöyle buyuruyor:

"Kim ganimet malından çalarsa, kıyamet gününde o çaldığı şeyi (boynunda asılı olarak) getirecektir."[20]

Ebû Hureyre'den (r.a) şöyle rivayet edilmiştir:

"Peygamber (s.a.v) bir gün bize ganimet malından çalma hakkında bir konuşma yaptı ve bu konunun tehlikesini üzerine bastıra bastıra anlattı. Sonra da şöyle dedi:

'Sakın sizden birinin, kıyamet gününde boynunda böğüren bir deve olduğu halde yanıma gelip de şöyle dediğini görmeyeyim: 'Ey Allah'ın Resûlü! bana yardım et!' Ben de ona şöyle derim: 'Senin için hiçbir şey yapma imkanım yok. Zira ben sana bildirmiştim.'

Yine sizden birinin kıyamet günüde boynunda kişneyen bir at olduğu halde yanıma gelip de şöyle dediğini görmeyeyim: 'Ey Allah'ın Resûlü! bana yardım et!' Ben de ona şöyle derim: 'Senin için hiçbir şey yapma imkanım yok. Zira ben sana söylemiştim."[21]

Kamu mallarını helal saymak da ganimet malını çalmak gibidir. Yine kamu görevlileri ve çalışanlarının hediye almaları da bu kapsama girer. Zira Ebû Humeyd es-Sâidî (r.a) şöyle rivayet ediyor:

"Peygamber (s.a.v) Ezd kabilesine mensup İbnü'l-Lütbiyye

---

20 Âl-i İmrân, 161.

21 Buhârî, Cihâd, 6/185; Müslim, İmâre, 12/216, 217.

adında bir adamı zekat toplama memuru yaptı. Bu adam görevini yaptıktan sonra geldi ve şöyle dedi: 'Bu mallar sizindir; bunlarsa bana hediye edildi.' Bunun üzerine Peygamber (s.a.v) minbere çıktı ve şöyle dedi:

'İçinizden bir zekat memuruna ne oluyor da biz onu bir işle görevlendirdiğimizde gelip, 'Bu mal sizin; bu da benim' diyor. Babasının ya da anasının evinde oturup bekleseydi bakalım; kendisine hediye geliyor muydu gelmiyor muydu? Canım elinde olan Allah'a yemin olsun ki, sizden kim o maldan bir şey alırsa, onu kıyamet günü boynunda taşır vaziyette getirecektir. Aldığı şey deve ise böğürür bir halde, koyun ise meler bir halde, sığır ise böğürür bir halde boynunda getirecektir."[22]

6. Canlıların resim ya da heykelini yapanların cezası

Âişe (r.a) üzerinde resimler olan bir minder almış; Peygamber (s.a.v) o minderi görünce kapıda durmuş ve içeri girmemiş. Sonrasını Âişe (r.a) şöyle anlatıyor:

"Peygamber'in (s.a.v) yüzünden hoşlanmadığını anladım ve dedim ki: 'Ey Allah'ın Resûlü! Allah'a tevbe ediyor, Resûlünden de bağışlanma diliyorum; ne günah işledim?' Peygamber (s.a.v), 'Bu minder de neyin nesi?' dedi. Ben de, 'Onu senin için aldım. Üzerine oturur ve uzanırsın diye.' dedim. Bunun üzerine şöyle buyurdu:

'Bu resimlerin sahipleri (diğer bir rivayete göre ise, Bu resimleri yapanlar) kıyamet gününde azaba uğrayacaklar ve onlara 'Yarattığınız şeyleri diriltin bakalım!' denilecektir. Şüphesiz bu türden resimlerin olduğu eve melekler girmez.' Âişe (r.a) diyor ki: 'Ben o minderi evden çıkarıncaya kadar Peygamber (s.a.v) eve girmedi."[23]

---

22 Müslim, İmâre, 12/218.

23 Buhârî, Libâs, 10/389; Hadisin bu metni Elbânî'nin *Âdâbu'z-Zifâf* adlı ki-

İbn Hacer bu hadis hakkında şöyle der:

"Bu resimleri yapanlar kıyamet gününde azaba uğrayacaklar ve onlara 'Yarattığınız şeyleri diriltin bakalım!' denilecektir. Şüphesiz bu türden resimlerin olduğu eve melekler girmez.' Burada Peygamber'in (s.a.v) eve girmemesinin nedenini ortaya koyan ifade ikinci cümledir. Birinci cümle ise resim bulundurmanın yasaklığı konusuna dikkat çekmek için önce zikredilmiştir. Zira resim yapan hakkında söz konusu olan tehdit ve ceza, o resmi kullanan için de geçerlidir. Çünkü onu yapan kullanılması için yapmaktadır. Dolayısıyla resmi yapan günaha neden olmaktadır; onu kullanan ise direkt olarak günaha bulaşmaktadır. Bu sebeple de kullanan bu ceza ve tehdide daha layıktır.

Ayrıca bu hadisten, resimlerin haram oluşu konusunda gölgesi olanla olmayan arasında bir fark olmadığı anlaşılmaktadır. Yine bu resim ister boyayla yapılmış olsun; ister nakış, ister oyma, isterse de dokuma olsun fark etmez. Dokumanın bunlardan istisna olduğunu ve onun resim sayılmayacağını iddia edenlerin aksine hepsi aynıdır ve haramdır."[24]

7. Görmediği rüyayı gördüm diyerek anlatanın cezası

İbn Abbâs (r.a) Peygamber'in (s.a.v) şöyle dediğini rivayet ediyor: "Kim görmediği bir rüyayı gördüm deyip anlatırsa, âhirette iki arpa tanesini birbirine düğümleme ile mükellef tutulur; ama o bunu asla yapamaz."[25]

Taberî şöyle diyor:

"Rüya konusunda yalan söyleme hakkında şiddetli bir tehdit

---

tabından (s.162, 163) aktarılmıştır. Bu metinde Buhârî'nin rivayetine göre bazı fazlalıklar mevcuttur.

24 *Fethu'l-Bârî*, 10/389, 390.

25 Buhârî, Ta'bîr, 12/427.

gelmiştir. Zira her ne kadar normal bir yalan söylemek -adam öldürme, had cezası ya da bir malın haksız yere alınması konusunda şahitlik etmek gibi- zarar yönünden ondan daha kötü olsa da, rüya ile alakalı bir konuda yalan söylemek Allah'a, göstermediği bir şeyi gösterdi diyerek iftira atmaktır. Allah hakkında yalan söylemek de kullar hakkında yalan söylemekten daha kötüdür. Zira Allah (c.c) şöyle buyuruyor:

"Kim Allah'a karşı yalan uydurandan daha zalim olabilir? Onlar (kıyamet gününde) Rablerine arz edilecekler, şahitler de: İşte bunlar Rablerine karşı yalan söyleyenlerdir, diyecekler."[26]

Rüya konusunda yalan söylemek de Allah'a karşı yalan uydurmaktandır. Zira Peygamber (s.a.v), 'Rüya peygamberlikten bir cüzdür.' buyuruyor. Peygamberliğin bir cüzü olan şey de Allah tarafından demektir."[27]

İbn Ebî Cemre de şöyle diyor:

"Peygamber (s.a.v) hadiste (görülen şey anlamındaki) 'rüya' kelimesini değil de 'hulm/düş' kelimesini kullanmıştır. Çünkü bu kimse bir şey gördüğünü iddia etmiştir; halbuki bir şey görmemiştir; sadece yalan söylüyordur. Yalansa şeytandandır. Zira Peygamber (s.a.v) Ebû Katâde'nin rivayet ettiği bir hadiste, 'Hulm şeytandandır.' buyurmuştur. Şeytandan olan şeyse doğru değildir. Böylece hadislerin bir kısmı diğerini doğrulamış oluyor...

İki arpa tanesini birbirine düğümlemenin manası ise birini diğerine sarmak demektir ki bu, normalde imkansız bir şeydir."[28]

8. Kulak hırsızlığı yapanın cezası

İbn Abbâs (r.a) Peygamber'in (s.a.v) şöyle dediğini rivayet ediyor: "Kim, bir topluluğun duyulmasını istemedikleri bir sö-

---

26 Hûd, 18.

27 *Fethu'l-Bârî*, 12/428.

28 *Fethu'l-Bârî*, 12/429.

zünü öğrenmeye çalışır (kulak hırsızlığı yapar)sa, kıyamet günü kulaklarına eritilmiş kurşun dökülür."[29]

İbn Hacer şöyle diyor:

"Hadiste, 'başkası tarafından dinlenilmekten hoşlanmamak' kaydı konulmuştur. Dolaysıyla da başkalarının kendilerini dinlemesine razı olanlar bu hadise dahil değildir. Şayet dinlenilmekten razı olup olmadığı bilinmiyorsa yine de dinlememek gerekir.

Kulağa kurşun dökülme tehdidine gelince, bu 'ceza suçun cinsinden olur' babındandır. Hadiste geçen 'ânik' kelimesi erimiş kurşun demektir. Saf kurşun olduğu da söylenmiştir. Dâvûdî ise onun kalay olduğunu söylemiştir."[30]

9. Arazi gasp edenin cezası

Abdullah b. Ömer (r.a) Peygamber'in (s.a.v) şöyle dediğini rivayet etmiştir:

"Kim bir parça araziyi haksız yere alırsa, onun karşılığında kıyamet günü yedi kat yerin dibine geçirilecektir."[31]

Saîd b. Zeyd (r.a) Peygamber'in (s.a.v) şöyle derken işittiğini rivayet etmiştir:

"Kim bir parça araziyi haksız yere alırsa, onun karşılığında kıyamet günü yedi kat yer onun boynuna dolanacaktır."[32]

İbn Hacer şöyle diyor:

"Hattâbî şöyle der: 'boynuna dolanacaktır" ifadesinin iki anlama gelmesi muhtemeldir. Birincisi, bu şahıs kıyamet gününde haksız yere aldığı yeri mahşere taşımakla yükümlü kılınır ki böy-

---

29 Buhârî, Ta'bîr, 12/427.

30 *Fethu'l-Bârî*, 12/429.

31 Buhârî, Mezâlim, 5/103.

32 Buhârî, Mezâlim, 5/103; Müslim, Müsâkât, 11/49.

lece o yer onun boynunda bir halka gibi olmuş olur. Yalnız bu gerçek anlamda bir dolama değildir.

İkinci anlama göre ise bu şahıs, yedi kat yerin dibine geçirilmekle cezalandırılır. Bu durumda her yer katmanı onun boynuna halka şeklinde geçirilmiş olur.'

Kurtubî de şöyle der: 'Bu hadiste zulüm ve gaspın haram ve cezalarının da çok ağır olduğu bildirilmektedir. Yine arazi gaspının mümkün olduğu, bununla birlikte onun büyük günahlardan olduğu da anlaşılmaktadır.'

Bu ifadesiyle Kurtubî sanki büyük günahların, hakkında şiddetli bir tehdidin bildirildiği günahlar olduğuna işaret etmiştir.

Bu hadisten bir araziye sahip olan o arazinin altına da sonuna kadar sahip olduğu ve rızası olmadan o arazide bir kanal ya da kuyu kazılamayacağı da anlaşılmaktadır.

Yine bu hadisten, arazinin üstüne sahip olan kimsenin, sabit taşlar, binalar, madenler vb. içeriğiyle o arazinin alt tarafına da sahip olduğu ve yine onun komşusuna zarar vermedikçe dilediği derinlikte çukur kazma hakkı olduğu da anlaşılmaktadır.

Yine bu hadisten yerin yedi katmanının üst üste ve bitişik olduğu, birbirinden ayrı olmadığı da anlaşılmaktadır. Çünkü eğer bu katmanlar birbirinden ayrı olsaydı, ceza olarak gasp eden kişinin boynuna sadece gasp ettiği ve diğerlerinden ayrı olan yerin dolanması yeterli olurdu. Bu konuya da Dâvûdî işaret etmiştir."[33]

10. Ahdini bozanın cezası

İbn Ömer (r.a) Peygamber'in (s.a.v) şöyle dediğini rivayet etmiştir:

"Ahdini bozan herkes için kıyamet günü bir bayrak dikilip,

33 *Fethu'l-Bârî*, 5/105.

'Bu falan oğlu falanın vefâsızlık (alâmetidir)' diye ilân olunacaktır."[34]

İbn Hacer bu hadisin şerhinde şöyle diyor:

"İbn Battâl şöyle der: 'Bu hadiste, onların kıyamet günü babalarının değil de analarının adıyla çağrılacaklarını iddia edenlere bir ret cevabı vardır.' Ben derim ki, bu iddia Taberânî'nin İbn Abbâs'tan rivayet ettiği bir hadiste geçmektedir. Yalnız bu hadisin senedi gerçekten çok zayıftır.

Yine İbn Battâl şöyle der: 'Babalarının adıyla çağrılmalarında onlar için daha sert bir azarlama vardır ve daha net tanınmaları da söz konusudur. Yine hadisten zahire bakarak hüküm vermenin caiz olduğu da anlaşılmaktadır.'

İbn Ebî Cemre ise şöyle der:

'Hadiste bahsedilen ahdi bozma küçük büyük bütün ahitleri kapsar. Ayrıca bu hadisten Allah'ın mahşer halkına ilan etmek istediği günahları işleyenlerin kendisiyle tanınacakları bir alametlerinin olacağı anlaşılmaktadır.' İbn Ebî Cemre'nin bu görüşünü şu ayet de desteklemektedir: *"Günahkarlar (o gün) simalarından tanınır."*[35]

Daha sonra İbn Battâl şöyle devam ediyor: 'Hadisten anlaşıldığı kadarıyla her bozulan ahide karşılık olarak bir bayrak dikilecektir. Buna göre de bir tek şahsın bozduğu ahitler sayısınca birçok bayrağı olacak demektir.

Bayrak dikilmesinin hikmetine gelince, çoğunlukla ceza günahın zıt şekliyle olur. Şöyle ki ahdi bozma gizli bir günahtır; dolayısıyla onun cezasının açık olması uygundur. Araplara göre de en açık şey bayrak dikmektir."[36]

---

34 Buhârî, Edeb, 10/563; Müslim, Cihâd, 12/42, 43.

35 Rahmân, 41.

36 *Fethu'l-Bârî*, 10/563.

Zira Araplar panayırlarında ahitlerini bozanlar için bayrak dikerlerdi. Nitekim onlardan bir şair şöyle der:

"Hiç işittin mi bir ahde vefasızlığımızı, ey Esmâ!,
Adına bayrak dikilerek ilan edilen, bir panayırda?"[37]

11. İki yüzlü kimsenin cezası

Ebû Hureyre (r.a) Peygamber'in (s.a.v) şöyle dediğini rivayet etmiştir:

"Siz, kıyamet gününde Allah katında en kötü kişilerden birinin de iki yüzlü kimse olduğunu göreceksiniz ki o, birilerine bir yüzle diğerlerine bir başka yüzle gider."[38]

İbn Hacer şöyle diyor:

"Kurtubî der ki: 'İki yüzlü insanların en kötülerindendir; çünkü o münafık gibidir. Zira o yalan yanlış sözlerle yaltaklanır ve insanların arasını bozar.' Nevevî de şöyle der:

'İki yüzlü kimse, her topluluğa onları razı edecek şekilde davranır. Onlardan biri olduğunu ve düşmanlarına karşı olduğunu söyler. Bu yaptığı ise münafıklık, tamamen yalan ve aldatmacadır. Böylece her iki topluluğun sırlarını öğrenmeye çalışır ki bu yaptığı haram olan iki yüzlülüktür. Ama her iki tarafın arasını düzeltmek için böyle yaparsa bu güzel bir şeydir."[39]

12. İhtiyacı olmadığı halde dilenen kimsenin cezası

İbn Mes'ûd (r.a) Peygamber'in (s.a.v) şöyle buyurduğunu rivayet etmiştir:

---

37 Kurtubî, *et-Tezkira*, s.297. *el-Akîde fî Dav'i'l-Kitâbi ve's-Sünneti*'den naklen. S.151.

38 Buhârî, Edeb, 10/474; Müslim, el-Birr ve's-Sıla, 16/156; Muvatta', Kelâm, 2/991.

39 *Fethu'l-Bârî*, 10/475.

"İhtiyacı olmadığı halde dilenen kimse kıyamet günü, dilenmesinin alameti olarak yüzü yara, bere, sıyrık içinde olduğu halde gelir.' Birisi, 'Ey Allah'ın Resûlü, ihtiyacın ölçüsü nedir?' deyince Peygamber (s.a.v) şöyle buyurdu: 'Elli dirhem gümüş, ya da buna denk miktarda altın."[40]

Allâme Şemsü'l-Hak Abâdî şöyle diyor:

"Hadiste geçen 'ihtiyacı olmadığı halde' ifadesi, insanı dilenmekten alıkoyacak ve duruma göre kendisine yetecek kadar olan şey demektir. Hadiste geçen, 'humûş', 'hudûş' ve 'kudûh' kelimeleri ise yara, bere anlamına gelen yakın manalı kelimelerdir. Hattâbî şöyle der:

'Humûş ile hudûş aynıdır. Zira kadın tırnak, demir vb. bir şeyle yüzünü tırmaladığında bu ifade kullanılır. Kudûh ise tırmalama, ısırma vb. sonrasında deride kalan izlere denir. Üzerindeki ısırık izlerinden dolayı eşek için de (bu kelimeden türemiş olan) 'mukeddah' kelimesi kullanılır.

Hadiste 'ev/ya da' lafzıyla üç farklı kelimenin zikredilmesi ravinin Peygamber'in (s.a.v) hangisini söylediğine dair şüpheye düşmesinden kaynaklanabilir. Zira bu kelimelerin hepsi de vücudun görülebilir yerlerindeki et ve deride olan yara ya da sıyrık izlerini ifade etmektedir. Dolayısıyla burada, dilencinin yüzünde gerçek anlamda çirkin izlerin olacağı ve mahşer halkının onu bunlarla tanıyacağı kastedilmiş olabilir.

Ya da bu üç kelime dilencilerin derecelerini belirtmek için kullanılmış olabilir. Zira dilenciler içinde az dilenen, çok dilenen ve bu işi iyice abartanlar vardır. Farklı kelimelerin kullanılması da bu farklı dereceleri göstermek için olabilir. Zira anlam itibariyle 'hamş' 'hadş'ten o da 'kedh'ten daha açıktır. Şöyle ki, 'hamş'

---

40 Ebû Dâvûd, Zekât, 1610; Nesâî, Zekât, 5/97; Tirmizî, Zekât, 3/149; İbn Mâce, 1840; Dârimî, 1/386. Elbânî de *es-Sahîha*'da (499) bu hadisin isnadının sahih olduğunu söyler. *Câmiu'l-Usûl*'un tahkikini yapan zat da sahih olduğunu belirtmiştir. 10/151.

yüzde olan yara için, 'hadş' deride olan için, 'kedh' de derinin üst kısmında olan için kullanılır."[41]

13. Kıbleye karşı tükürmenin cezası

Huzeyfe b. el-Yemân (r.a) Peygamber'in (s.a.v) şöyle dediğini rivayet etmiştir:

"Kıble tarafına doğru tüküren kimse, kıyamet gününde tükürüğü iki gözünün arasında olduğu halde gelecektir."[42]

İbn Ömer'in (r.a) rivayet ettiği benzer bir hadiste ise Peygamber (s.a.v) şöyle buyuruyor:

"Kıble tarafına tükürmüş olan bir kişi kıyamet gününde, tükürüğü yüzünde olduğu halde gelir."[43]

San'ânî şöyle diyor:

"Hadis, kıbleye tükürmenin mutlak olarak haram olduğunu göstermektedir. Yani ister camide ister musallâda isterse de bu iki yerin dışında olsun fark etmez."[44]

Elbânî de şöyle der:

"Nevevî bunun ister namazın içinde isterse dışında, ister camide isterse de cami dışında bir yerde olsun her halükarda kesin olarak yasak olduğunu söylemiştir.

Ben derim ki doğru olan da budur. Buhârî ve Müslim'de ve bu ikisinin dışındaki hadis kitaplarında, namazda kıbleye karşı

41 *Aunu'l-Ma'bûd*'dan kısaltarak. Medîne: el-Mektebetü's-Selefiyye, 5/30.

42 Ebû Dâvûd, Eti'me, 3806; İbn Hibbân, (Mevârid) Mesâcid, 332. Elbânî de *es-Sahîha*'da (222) şöyle der: 'Bu hadisin senedi sahihtir. Bütün ravileri sikadır. Zir hariç bütün hepsi Buhârî ve Müslim'in ravilerindendir. Zir ise sadece Müslim'in ravilerindendir.

43 İbn Hibbân, Mesâcid, 333. Elbânî, bu hadisin her halükarda sahihi olduğunu söylemiştir; *es-Sahîha*, 223.

44 *Sübülü's-Selâm*, 1/230.

tükürmeyi yasaklayan bir çok meşhur hadis vardır. Ancak benim bu hadisi tercih etmememin sebebi onun üstünlüğünden ve onu bilenlerin az olmasından dolayıdır. Çünkü bu hadiste Kabe'ye karşı takınılması gereken büyük bir edep söz konusudur. Öyle ki bu edepten, bırakın halkı okumuşlar bile habersizdir. Zira nice cami imamlarını caminin penceresinden dışarı kıbleye karşı tükürürken gördüm.

Yine bu hadis önemli bir konuyu daha aydınlatmaktadır ki o da şudur: Küçük veya büyük abdest bozarken kıbleye dönme yasağı geneldir; ister açık alanda olsun isterse de bina içerisinde olsun fark etmez. Çünkü bu hadis kıbleye karşı tükürmenin mutlak olarak caiz olmadığını göstermektedir. Dolayısıyla nerede olursa olsun kıbleye karşı küçük ya da büyük abdest bozmak ise haydi haydi yasaktır."[45]

Bununla birlikte hiç şüphesiz, camide kıbleye karşı tükürmek, dışarıda bir yerde kıbleye doğru tükürmekten daha ağırdır. Yine cami içinde namaz kılarken kıbleye karşı tükürmek de sadece cami içindeyken tükürmekten daha ağırdır.

Kıyamet gününde çirkin ya da üzerimizde günah izleri bulunur bir vaziyette diriltilmekten Allah'a sığınırız. Allah'tan (c.c) bizi O'na itaatle yüceltmesini ve kıyamet günü de üzerimizde O'nun ve Peygamber'inin emrine itaat alametleriyle diriltmesini niyaz ederiz.

14. Faiz yiyenin cezası

Allah (c.c) şöyle buyuruyor:

"Faiz yiyenler (kabirlerinden), şeytan çarpmış kimselerin cinnet nöbetinden kalktığı gibi kalkarlar."[46]

İbn Kesîr (rh.a.) şöyle diyor:

---

45 *es-Sahîha*'dan kısaltarak. 1/2/40.

46 Bakara, 275.

"Allah (c.c) önce mallarını kendi yolunda harcayan, zekatlarını veren, ihtiyaç sahiplerine iyilikte bulunup sadaka veren, her zamanda ve her halükarda Allah'a yaklaşacak ameller yapanlardan bahsettikten sonra faiz yiyen ve insanların mallarını haksız yoldan çeşitli şüphelerle alan kimseleri anlatmaya başladı.

Onların kıyamet gününde, nasıl dirilecekleri ve kabirlerinden nasıl çıkıp ayağa kalkacaklarını şöyle bildiriyor: *"Faiz yiyenler (kabirlerinden), şeytan çarpmış kimselerin cinnet nöbetinden kalktığı gibi kalkarlar."*

Yani onlar kıyamet günü kabirlerinden, saralının sara nöbetinde olduğu gibi ve şeytanın çarptığı kimsenin kalktığı gibi kalkarlar. Bu da onların çok çirkin ve kötü bir halde kalkacaklarını göstermektedir. Zira İbn Abbâs (r.a) şöyle demiştir: 'Faiz yiyen kimse kıyamet gününde boğazından boğuluyormuşçasına hırıltılar çıkaran cin çarpmış biri gibi kalkar."[47]

Zemahşerî de şöyle der:

"Yani onlar kıyamet günü tıpkı saraya yakalanmışlar gibi çıldırmış bir halde kalkacaklardır. Bu onların, mahşer halkı tarafından tanınacakları bir alametleridir. Bu konuda şöyle de denmiştir:

Kabirlerinden çıkan herkes mahşer meydanına doğru koşar; ancak faiz yiyenler hariç. Çünkü onlar ayağa kalktıklarında saralılar gibi yere düşerler. Zira onlar faiz yemişlerdir ve Allah yediklери faizi onların karınlarında kat kat artırmış da onlara ağırlık yapmıştır. Dolayısıyla da ayağa kalkıp koşmaya güçleri yetmez."[48]

* * *

47 *Tefsîru'l-Kur'âni'l-Azîm*, 1/326.

48 *Keşşâf*, 1/320.

GÜNAHLARIN CEHENNEMDEKİ CEZALARI

GİRİŞ

Günahlar ve isyanlar sahiplerinin yakasına yapışır ve onları bırakmazlar. Böylece cehennemde de onların azap görmelerine sebep olurlar. Ben bu bölümde cehennem azabının şiddetini, dehşetini bağ ve zincirlerinin ağırlığını anlatacak değilim. Zira bunun yeri başkadır. Ben sadece, şeriatta açıklanmış olduğu şekliyle bazı günahların cehennemdeki cezalarına dikkat çekmek istiyorum. Tıpkı günahların berzah alemindeki ve kıyamet günündeki cezaları konularında olduğu gibi.

Bu konuya başlamadan önce, üzerinde düşündüğüm ve aklıma yatan ince bir noktaya Allah'ın izni ve yardımıyla dikkat çekmek istiyorum. Ki ben bu konuda, Allah'ın bu ümmete olan lütfunu ve bununla birlikte onların içerisinde tevhidin bereketinin ve şirkin uğursuzluğunun olduğunu hissettim.

Şöyle ki, insanların çoğu bazı günahları aşırı derecede büyütüyorlar ve bu da başka şeylerin aleyhine oluyor. Bu davranış insaf ve adalete sığmaz. Allah daha iyi bilir ama; bunlardan biri de namazı terk eden kişinin kafir olup dinden çıktığını söylemektir. Zira bununla her ne kadar ibadetlerin efendisi ve özü olan namazın önemi vurgulanmaktaysa da, aynı zamanda kelime-i şehadetin değeri hakkında bildirilen onca mütevatir nakiller de hiçe sayılmaktadır. Ve böylece, şehadet getirip de tembellikle namaz kılmayan kimseyle şehadeti hiç kabul etmeyen ya da onun şartlarından birini bozan kimse ebediyen cehennemde kalma konusunda eşit sayılmaktadır. Ki bu da insafa sığmayan bir iştir. Umarız şu ince noktayı arz ettikten sonra bu mesele açıklığa kavuşur:

Hadis imamlarının kitaplarında rivayet ettiği bir çok hadiste, cehennemde tevhid ehline kafirlerle aynı muamele yapılmayacağı bildirilmektedir. Bu hadisleri günahların tehlikelerinin az görülmesine yol açmamak için burada zikretmeyeceğiz. Ancak bu hadislerde ilk önce, bütün günahların ve zulümlerin en büyüğü olan şirkin tehlikesine ve onun sahibini nasıl cehennemde ebedi bıraktığına dikkat çekilmektedir. Zira onlar cehennemde ne de ölürler ne de yaşarlar; derileri yanmaktan pişip de acı duymaz hale gelince yenileriyle değiştirilir ki azabı iyice tatsınlar... Şimdi bu hadislerden bazılarını ve alimlerin bu konudaki açıklamalarını sunalım:

Ebû Saîd el-Hudrî (r.a) Peygamber'in (s.a.v) şöyle dediğini rivayet etmiştir:

"Allah cennetlikleri cennete koyar -ki o dilediğini oraya rahmetiyle koyar- ve cehennemlikleri de cehenneme sokar. Daha sonra (meleklere) şöyle der: 'Bakın ve kalbinde hardal tanesi ağırlığınca iman bulduğunuz kimseleri ateşten çıkarın.'

Kalbinde zerre ağırlığınca iman olanlar ateşten, iyice yanmış ve kömür gibi olmuş bir halde çıkarılırlar. Sonra da hayat (ya da yağmur) suyuna atılırlar ve oradan tohumun selin kıyısında bittiği gibi biterler. Görmez misiniz ki, o tohum sarı ve kıvrık bir halde biter."[49]

Ebû Saîd el-Hudrî'den yapılan bir diğer rivayette Peygamber (s.a.v) şöyle buyurmaktadır:

"Ateşi hak eden cehennemlikler, o ateşte ne ölürler ne de yaşarlar. Fakat bir grup insan da vardır ki günahları dolayısıyla ateşe girmişler ve ateş onları öldürmüştür. Onlar iyice yanıp kö-

49 Müslim, Îmân, 3/35, 36.

mür haline gelince haklarında şefaat için izin verilir. Sonra da grup grup götürülür ve cennet nehirlerine atılırlar. Cennettekilere de, 'Ey cennet halkı! Onların üzerine su dökün' denilir ve tohumun selin taşıdığı (toprakta) bitmesi gibi biterler.' (Ravi şöyle der:) Oradakilerden biri, 'Peygamber (s.a.v) sanki kırda yaşamış gibi (sel hakkında bilgisi var)' dedi."[50]

Câbir'den (r.a) Peygamber'in (s.a.v) şöyle dediği rivayet edilmiştir:

"Tevhid ehlinden bir grup insan cehennemde azap görür. Öyle ki yanıp kömür haline gelirler de sonra Allah'ın rahmeti onlara yetişir. Daha sonra oradan çıkarılır ve cennetin kapılarına atılırlar. Cennet halkı onların üzerine su döker. Onlar selin taşıdığı çerçöpün bittiği gibi biterler ve sonra da cennete girerler."[51]

Enes (r.a) Peygamber'in (s.a.v) şöyle dediğini rivayet etmiştir:

"İşledikleri günahlar sebebiyle bir takım toplumlar ceza olarak ateşte yanacaklardır. Sonra Allah (c.c) onları rahmetiyle cennete koyacaktır ve onlara 'cehennemlikler' denilecektir."[52]

Bu konudaki diğer hadisler için Buḥârî, Müslim ve diğer hadis kitaplarındaki şefaat bölümüne bakabilirsin.

Nevevî (rh.a.) Ebû Saîd el-Hudrî'nin (r.a) rivayet ettiği hadis hakkında şunları söylüyor:

"Hadisin anlamına gelince, Allah onun manasını daha iyi bilir ama görünen şu ki, cehennem ehli olan ve orada ebedi kalmayı hak eden kafirler orada ölmeyecekler ve faydalanıp rahat

---

50 Müslim, Îmân, 3/37, 38. Kurtubî şöyle der: "Hadiste geçen 'dabâir' kelimesi cemaat anlamına gelir ve tekili 'dıbâre'dir; 'bussû' ise dağınık bir şekilde atılırlar anlamına gelir. 'Hibbe' ise baklagillerin tohumuna denir. 'Hamîlu's-seyl' ise selin taşıdığı çerçöp ve çamur demektir.

51 Müslim, Îmân, 3/49, 50; Ahmed, 3/77; Beğavî, *Şerhu's-Sünne*, 15/192.

52 Buhârî, Tevhîd, *"Allah'ın rahmeti iyilik sahiplerine yakındır"* ayeti hakkında gelenler babı, 13/434; Ahmed, 3/133.

edecekleri bir hayat da yaşamayacaklardır. Zira Allah (c.c) şöyle buyuruyor:

"Öldürülmezler ki ölsünler, cehennem azabı da onlara biraz olsun hafifletilmez."[53] *"Sonra o, ateşte ne yaşar ne de ölür."*[54] Bu, yani cennetliklerin nimetlerinin ve cehennemliklerden ebedi olanların azabının sonsuz olması hak ehlinin görüşüdür.

'Fakat bir grup insan da vardır ki günahları dolayısıyla ateşe girmişler...' ifadesinden hadisin sonuna kadarki bölüme gelince buranın manası da şöyledir: Müminlerden günahkar olanlar, Allah'ın dilediği bir müddet kadar azap gördükten sonra öleceklerdir. Bu, kendisiyle beraber duyu organlarının işlevini kaybettiği gerçek anlamda bir ölümdür.

Onlar, günahları kadar azap görecekler ve sonra da öleceklerdir. Sonra Allah'ın takdir ettiği kadar bir müddet ateşte hiçbir şey hissetmeden kalacaklardır. Daha sonra ise ateşten ölü olarak ve kömür haline dönüşmüş bir şekilde çıkarılacaklar ve eşyanın taşındığı gibi grup grup taşınarak cennet nehirlerine atılacaklardır. Orada üzerlerine hayat suyu dökülecek ve onlar dirilecekler. Aynı selin taşıdığı çamurda tohumun bitmesi gibi süratli ve zayıf bir halde bitecekler. Zira o tohum zayıflığından dolayı sarı ve kıvrık bir halde olur. Daha sonra kuvvetlenirler ve iyi bir durumda cennetteki yerlerine giderler.

Hadisin lafzından ve manasından anlaşılan budur. Kâdî İyâd ise bu konuda iki durum olduğunu söylemiştir: 'Birincisi, bu ölüm gerçek bir ölümdür. İkincisi ise o gerçek anlamda bir ölüm değildir; ancak onların acıları hissedecek duyu organları işlevlerini yitirir. Yine bunun manası onların acılarının hafiflemesi anlamında da olabilir.' Kâdî'nin sözü böyle; ancak tercih edilen az önce ifade ettiğimiz görüştür. Allah en iyisini bilir."[55]

---

53 Fâtır, 36.

54 A'lâ, 13.

55 *Şerhu'n-Nevevî alâ Sahîhi Müslim*, 3/38.

Kurtubî ise özet olarak şöyle der:

"Günahkarlar için söz konusu olan bu ölüm, gerçek bir ölümdür. Çünkü Peygamber (s.a.v) bu sözünü masdarla tekit etmiştir. Bu ölüm, onlar için bir lütuftur.[56] İyice yandıktan sonra azabın acısını hissetmesinler diye. Ama cehennemliklerden ebedi olan dirilerin durumu ise böyle değildir: *"Onların derileri pişip acı duymaz hale geldikçe, derilerini başka derilerle değiştireceğiz ki acıyı duysunlar!"*[57]

Bu konuda şöyle de söylenmiştir: Bu ölüm, bir uyku ile onların acıları hissetmez bir hale getirilmelerinden ibarettir. Dolayısıyla da bu gerçek anlamda bir ölüm değildir. Çünkü uyku birçok lezzet ve acıyı algılamaya engeldir. Ayrıca Allah (c.c) uykuya ölüm adını da vermiştir: *"Allah, ölenin ölüm zamanı gelince, ölmeyenin de uykusunda iken canlarını alır..."*[58]

Uykuda bir can alma söz konusudur; ancak bu ruhun bedenden çıkması anlamında gerçek bir ölüm değildir. Bununla beraber Allah (c.c) bayılma ifadesini de ölüm anlamında kullanmıştır: *"Sûr'a üflenince, Allah'ın diledikleri müstesna olmak üzere göklerde ve yerde ne varsa hepsi bayılıp ölecektir."*[59]

En doğru olan görüş birincisidir. Zira Peygamber (s.a.v) ölüm kelimesini masdarla tekit etmiştir. Ayrıca Peygamber aynı hadiste, 'onlar kömür haline gelinceye kadar' demektedir. Dolayısıyla da nasıl ki cehennemlikler gerçek anlamda diri iseler, onlar da gerçek anlamda ölü olacaklar demektir."[60]

---

56 . Kurtubî'nin müminler için söz konusu ettiği lütuf, kafirlere kıyasladır; yoksa günahlarına rağmen onlara bir lütuf verilecek değildir. Zira şöyle bir söz vardır: "Şerrin bir kısmı diğerinden daha hafiftir." İyilikleri kötülüklerine ağır basan itaatkar müminler ise asla ateşe girmeyeceklerdir ve dünyadaki ölümlerinden başka bir ölüm de tatmayacaklardır.

57 Nisâ, 56.

58 Zümer, 42.

59 Zümer, 68.

60 *et-Tezkiratu fî Ahvâli'l-Mevtâ ve Umûri'l-Âhireti*'den kısaltarak. Mektebe-

Bu ve benzeri hadisler, büyük günah işleyenlerin cehennemde ebedi kalacaklarını söyleyen Mutezile ve Haricilerin bu yanlış inançlarını da reddetmektedir. Allah'ın rahmeti sayesinde büyük günah işleyenler orada ebedi kalmayacaklarıdır. Zira, lâ ilâhe illallah diyen ve kalbinde zerre ağırlığınca iman olanlar ateşten çıkarılacaklardır.

Tahâvî ise şöyle diyor:

"Muhammed ümmetinden büyük günah işleyenler, tevhid üzere ve Allah'ı bilip tanır bir vaziyette ölürlerse, tevbe etmemiş dahi olsalar cehennemde ebedi olarak kalmayacaklardır. Onların durumu Allah'ın dilemesi ve hükmüne bağlıdır. Dilerse onları bağışlayıp affeder. Zira o kitabında şöyle buyuruyor: *"Allah, kendisine ortak koşulmasını asla bağışlamaz; bundan başkasını, (günahları) dilediği kimse için bağışlar."*[61]

Dilerse de onlara adaleti gereği cehennem ateşinde azap eder. Sonra da rahmeti ve itaatkar kullarından şefaat edecek olanların şefaati ile onları oradan çıkarır ve cennetine gönderir. Zira Allah (c.c) kendisini bilip tanıyanların mevlasıdır. Onları, her iki dünyada da kendisini inkar eden, hidayetinden yüz çevirip hüsrana uğrayan ve onun dostluğuna nail olamayanlarla bir tutmaz. Allah'ım, ey İslam'ın ve müslümanların gerçek mevlası! İslam ile senin huzuruna çıkıncaya kadar, bizi İslam üzere sabit kıl!"[62]

Usul kaideleri gereğince, nasları mümkün olduğu ölçüde bir arada göz önüne alıp hepsini beraberce değerlendirmelidir. Zira bütün naslarla amel etmek ve hiçbirisini işlevsiz bırakmamak için en uygun olanı budur. Dolayısıyla da, tembellikle namazı terk eden ve işlediği bu haramı helal saymayan biri ile büyük günah işleyen ve yine bunu helal saymayan, ve tevhidin özüne sahip

---

tu'l-Külliyyâti'l-Ezheriyye, s.409-410.

61 Nisâ, 48 ve 116.

62 *Şerhu't-Tahâviyye*, s.369-370.

birisi hakkında biz sadece kafirlerin hak ettiği bir hükmü nasıl verebiliriz? Zira onlar çok büyük bir iyilik yani, "Allah'tan başka itaat ve ibadete layık kimse yoktur; Muhammed de O'nun resûlüdür" inancını taşıyan kimselerdir.

Nitekim "bitâka"[63] hadisi de bunun yanlış olacağını açıkça göstermektedir. Yine Peygamber (s.a.v) bir hadisinde Allah'ın (c.c) şöyle dediğini bildirmiştir:

"Ey insanoğlu! Yeryüzü dolusunca günah işlesen bile şayet bana hiç bir şeyi ortak koşmadan huzûruma çıkarsan elbette ben de sana yeryüzü dolusunca mağfiret veririm."[64]

Allah'ın asla bağışlamayacağı suç şirktir. Zira Allah (c.c) şöyle buyuruyor:

"Biliniz ki kim Allah'a ortak koşarsa muhakkak Allah ona

---

63 Bitâka hadisi şöyledir: "Kıyamet gününde ümmetimden biri, mahlukatın huzurunda çağrılır ve her biri göz alabildiğince geniş olan doksan dokuz günah sicili onun önüne serilir. Sonra ona şöyle denir: 'Bunlardan kabul etmediğin bir şey var mı? Yazıcı meleklerim sana bir haksızlık yapmışlar mı?' Adam, 'Hayır ya Rabbi!' der. Ona, 'Peki, senin bir mazeretin ya da bir iyiliğin var mı?' diye sorulur. Adam korkuya kapılarak, 'Hayır' der. Bunun üzerine ona: 'Aksine, senin katımızda mevcut bir iyiliğin var ve bugün sana haksızlık edilmeyecek.' denir. Sonra o adama üzerinde, 'Allah'tan başka itaat ve ibadete layık olan yoktur ve Muhammed de O'nun resûlüdür.' yazılı bir kağıt parçası çıkarılır. Adam, 'Ey Rabbim, bu kağıt parçası bunca sicilin yanında nedir ki?' der. Ona, 'Sana haksızlık edilmeyecek.' denir. Sonra günah sicilleri terazinin bir kefesine, o kağıt parçası da diğer kefesine konur. Siciller hafif gelir ve o kağıt parçası ağır basar."

Tirmizî, hasen kaydıyla rivayet etmiştir, 2/106,107; İbn Mâce,4300; Hâkim, 1/6. Hâkim, bu hadisin Müslim'in şartlarına uygun olduğunu söylemiş, Zehebî de ona katılmıştır; Ahmed, 2/213. Elbânî de *es-Sahîha*'da (no: 135) sahih olduğunu söylemiştir.

64 Tirmizî, Duâ,13/59, 60. Tirmizî, "Bu hasen-ğarîb bir hadistir ve onu sadece bu vecihle biliyoruz." der. Hadisin senedinde Kesîr b. Fâid adlı bir ravi vardır ve ona İbn Hibbân'dan başkası sika/güvenilir dememiştir. Elbânî ise *es-Sahîha*'da (no: 127) bu hadisin, Dârimî'de (2/322) geçen şahidi ile birlikte hasen olduğunu söylemiştir; Ahmed, Ebû Zer'den (r.a), 5/172; Yine Taberânî de bu hadisi İbn Abbâs'tan rivayet etmiştir.

cenneti haram kılar; artık onun yeri ateştir ve zalimler için yardımcılar da yoktur."[65]

"Allah, kendisine ortak koşulmasını asla bağışlamaz; ondan başka günahları dilediği kimse için bağışlar. Kim Allah'a ortak koşarsa büsbütün sapıtmıştır."[66]

Müşrik olan kimse de ateşe ebediyen kalmak üzere girer ve ona şefaatçilerin şefaati de fayda sağlamaz. Zira Allah (c.c) şöyle buyuruyor:

"Şu muhakkak ki, Allah kafirleri rahmetinden kovmuş ve onlara çılgın bir ateş hazırlamıştır. (Onlar) orada ebedi olarak kalacaklar, (kendilerini koruyacak) ne bir dost ne de bir yardımcı bulacaklardır."[67]

"Allah erkek münafıklara da kadın münafıklara da kafirlere de içinde ebedi kalacakları cehennem ateşini vadetti. O, onlara yeter. Allah onlara lânet etmiştir! Onlar için devamlı bir azap vardır."[68]

"Artık şefaatçilerin şefaati de onlara fayda vermez."[69]

Benim bu girişi yapmamdaki amaç, şirkin haricindeki günahları basite almak değildir. Nitekim bu konunun amacı ve özü az sonra gelecektir. Ancak benim bu girişteki esas amacım, şirkin ne kadar büyük bir günah olduğunu ve müşrikle, şirkin haricinde bazı günahlar işlemiş olan tevhid ehli bir kimsenin aynı olmadığını açıklamaktır. Allah (c.c) bütün niyetleri bilir. Biz Allah'tan rahmet ve lütfuyla bu iki gruptan da uzak olmayı umar ve O'nun, haklarında şöyle dediği kimselerden olmayı dileriz:

"Tarafımızdan kendilerine güzel âkıbet takdir edilmiş olan-

---

65 Mâide, 72.

66 Nisâ, 116.

67 Ahzâb, 64-65.

68 Tevbe, 68.

69 Müddessir, 48.

lara gelince, işte bunlar cehennemden uzak tutulurlar. Bunlar onun uğultusunu duymazlar; gönüllerinin dilediği nimetler içinde ebedi kalırlar. En büyük dehşet dahi onları tasalandırmaz. Melekler kendilerini şöyle karşılar: İşte bu size vadedilmiş olan (mutlu) gününüzdür."[70]

İbn Receb (rh.a.) *et-Tahvîf mine'n-Nâr ve't-Ta'rîf bi Hâli Dâri'l-Bevâr* adlı kitabına, tevhid ehlinin cehennemdeki durumundan, onların oradan Allah'ın rahmetiyle ve şefaatçilerin şefaatiyle çıkacaklarından bahsettiği bir bölüm koymuştur. Orada şöyle diyor:

"Daha önce sahih hadislerde geçtiği üzere tevhid ehlinin sırattan geçeceği ve bir kısmının kurtulacağı bir kısmınınsa cehenneme düşeceğini anlatmıştık. İşte, cennetlikler cennete girince, tevhid ehli kardeşlerinden ateşe düşenleri orada göremezler ve bunun üzerine Allah'tan (c.c) onların ateşten çıkarılmalarını isterler."

Daha sonra İbn Receb, Ebû Saîd el-Hudrî'nin rivayet ettiği bir hadisi zikreder. O hadiste şöyle bir bölüm yer almaktadır:

"Müminler, ateşten kurtulunca -canım elinde olan Allah'a yemin ederim ki, o gün müminlerin ateşteki mümin kardeşlerinin hakkını savunmaları, sizin dünyada kendi hakkınızı savunmanızdan daha hırslı olacak ve- şöyle diyecekler:

'Ey Rabbimiz! O kardeşlerimiz, bizimle beraber namaz kılar, oruç tutar ve hac yaparlardı.' Bunun üzerine onlara, 'Tanıdıklarınızı oradan çıkarın.' denilecek. Ateşe müminlerin yüzlerini yakması yasaktır. Dolayısıyla da onlar cehennemden birçok insanı çıkarırlar ki ateş kiminin dizden aşağısına kimisinin de dizlerine kadar ulaşıp yakmıştır. Sonra da, 'Ey Rabbimiz! Ateşte, bize çıkarmamızı emrettiklerinden hiç kimse kalmadı.' derler.

Bunun üzerine Allah (c.c) onlara, 'Gidin ve kalbinde bir di-

70 Enbiyâ, 101-103.

nar ağırlığınca hayır bulduğunuz kimseleri oradan çıkarın.' der. Yine birçok kimseyi oradan çıkarırlar ve 'Ey Rabbimiz! Ateşte, bize çıkarmamızı emrettiklerinden hiç kimseyi bırakmadık.' derler. Allah (c.c) onlara, 'Gidin ve kalbinde yarım dinar ağırlığınca hayır bulduğunuz kimseleri oradan çıkarın.' der.

Onlar yine birçok kimseyi oradan çıkarırlar ve 'Ey Rabbimiz! Ateşte, bize çıkarmamızı emrettiklerinden hiç kimseyi bırakmadık.' derler. Bu sefer Allah (c.c) onlara, 'Gidin ve kalbinde zerre ağırlığınca hayır bulduğunuz kimseleri oradan çıkarın.' der. Yine onlar birçok kimseyi oradan çıkarırlar ve 'Ey Rabbimiz! Orada hayır sahibi hiç kimseyi bırakmadık.' derler."

Burada ravi Ebû Saîd el-Hudrî (r.a) şöyle diyor: "Eğer bu hadis hakkında bana inanmıyorsanız şu ayeti okuyun: "*Şüphe yok ki Allah zerre kadar haksızlık etmez. (Kulun yaptığı iş, eğer bir kötülük ise, onun cezasını adaletle verir.) İyilik olursa onu katlar (kat kat arttırır), kendinden de büyük mükâfat verir.*"[71] Hadis şöyle devam ediyor:

"Bunun üzerine Allah (c.c), 'Melekler şefaat etti, peygamberler şefaat etti ve müminler de şefaat etti. Geriye (şefaat etmek için) bir merhametlilerin en merhametlisi kaldı.' der ve cehenneme bir avuç daldırır. Oradan hiç hayır işlememiş ve yanmaktan kömür haline gelmiş bir topluluğu çıkarır. Sonra onları cennet ağızlarındaki hayat nehri denilen bir nehire atar. Onlar da o nehirden tohumun selin taşıdığı artıklardan bitip çıkması gibi (süratle) çıkarlar."[72]

Daha sonra İbn Receb şöyle devam ediyor:

"Hadiste geçen 'hiç hayır işlememişler' ifadesi, imanları olmakla birlikte azalarıyla hiçbir hayır amel işlememişlerdir, demektir. Zira, ölümünden sonra yakılmasını isteyen şahıstan bah-

71 Nisâ, 40.

72 Müslim, Îmân, 3/25-32.

seden bir hadiste de şöyle bir ifade yer almaktadır: 'O tevhidden/imandan başka bir hayır işlememişti."[73]

TEVHİD EHLİNE MERHAMETE DAİR BAZI RİVAYETLER:

Selmân b. Hakem b. Avâne'den, bir adamın Arafat'ta dua edip şöyle dediği rivayet edilmiştir: "Kalbimize senin birliğine olan imanı yerleştirdikten sonra bize cehennemde azap etme." Adam sonra ağlar ve şöyle der: "Bimiyorum ki affınla muamele eder misin." Sonra yine ağlar ve şöyle der: "Şayet affetmez de günahlarımıza göre bize muamele edersen; bizi senin uğrunda düşman bellediğimiz zalimlerle bir arada tutma."

Hakîm b. Câbir'den şöyle rivayet edilmiştir: "İbrahim (a.s.) şöyle dua etmiştir: 'Ey Allah'ım! Sana şirk koşanla koşmayanı bir tutma!"

GÜNAHLARIN CEHENNEMDEKİ CEZALARI

1. Bidat sahiplerinin cezaları

Muâviye'den (r.a) Peygamber'in (s.a.v) şöyle dediği rivayet edilmiştir:

"Dikkat edin! Sizden önceki yahudi ve hristiyanlar yetmiş iki fırkaya ayrıldı. Bu ümmet ise yetmiş üç fırkaya ayrılacaktır ki, onların yetmiş ikisi cehennemde, biri ise cennette olacaktır. O cennetlik olan ise (ehl-i sünnet ve'l)cemaattır."[74]

---

73 *et-Tahvîf mine'n-Nâr*'dan kısaltarak. Mektebetu'l-Îmân, s.205-206.

74 Ebû Dâvûd, 2/503, 504; Dârimî, 2/241; Ahmed, 4/102; Hâkim, 1/128. Hâkim, "Bu hadisin senetleri onun sahih olması konusunda yeterlidir." demiş ve Zehebî de ona katılmıştır. Hâfız ise senedinin hasen olduğunu söylemiştir. İbn Teymiyye ise, "Bu sahih ve meşhur bir hadistir." demiştir. Şâtıbî ise *el-İ'tisâm* adlı eserinde sahih olduğunu söylemiştir. Hadisin geldiği senetleri görmek için bk. *es-Sahîha*, no: 204.

Şâtıbî şöyle der:

"Peygamber'in (s.a.v) 'Biri hariç hepsi ateştedir.' ifadesi, bu tehdidin açıkça gerçekleşeceğini göstermektedir. Bununla birlikte orada ebedi kalıp kalmayacakları söylenmemiştir. Dolayısıyla da burada bu konuda bir delil mevcut değildir. Zira her ne kadar arada ebedi kalıp kalmamak gibi bir fark olsa da bu tehdit hem kafirler hem de günahkar müminler için söz konusu olabilir."[75]

Hadiste geçen cehennemliklerin bu ümmetten günahkar müsümanlar olduğuna dair bir örnek de Peygamber'in (s.a.v) Ebû Hureyre'den rivayet edilen şu hadisidir:

"Havzın başına ilk giden ben olacağım. Bazıları, kayıp devenin kovulması gibi havzımın etrafından kovulup uzaklaştırılacaktır. Ben onları, 'Buraya gelin! Yanıma gelin!' diye çağırırım. Ama bana şöyle denir: 'Onlar senden sonra (sünnetini) değiştirdiler.' O zaman ben de, 'Öyleyse uzak olsunlar; uzak olsunlar!' derim."[76]

Hadisteki örnek, "Bazıları havzımdan uzaklaştırılacaktır..." ifadesiyle başlayıp, 'Ben onları yanıma gelin diye çağırırım' ile devam eden bölümdür. Zira bu ifadeler o kimselerin bu ümmetten olduğuna ve Peygamber'in (s.a.v) de onları tanıdığına işaret etmektedir.

Zira hadisin baş tarafında Peygamber (s.a.v) ümmetini abdest azalarındaki parlaklıkla tanıyacağını bildirmektedir. Bu da o kimselerin -her ne kadar sonradan sünnetini değiştirseler de- abdest azalarının parlak olduğunu göstermektedir. Zira bu parlaklık bu ümmete has bir özelliktir.

Yalnız onlar kıyamet gününde melekler tarafından havzın başından kovulmakla cezalandırılacaklardır. Çünkü onlar Pey-

---

75 *el-İ'tisâm*'dan kısaltarak. 2/198.

76 Mâlik, *Muvatta'*, Tahâre, 1/28, 29; Müslim, Tahâre, 3/139; Beğavî, *Şerhu's-Sünne,Şerhu's-Sünne,* Tahâre, 1/322, 323.

gamber'in (s.a.v) sünnetine sarılmayıp yüz çevirdiler. Bu sebeple de kıyamet gününde onun havzına varmaktan mahrum oldular. Zira ceza suçun benzeri şekilde olur. Şayet onlar dünyada Peygamber'in yolundan yürüselerdi, kıyamet günüde onun havzının yolunda yürürlerdi. Bununla beraber onlar, günahkar müslümanlarla beraber cehenneme girmekle de cezalandırılacaklardır.

2. Peygamber (s.a.v) adına yalan söyleyenlerin cezası

Rib'î b. Hirâş Ali'nin (r.a) bir hutbesinde şöyle dediğini işitmiş: "Peygamber (s.a.v) şöyle buyurdu: 'Benim adıma yalan söylemeyin! Zira kim benim adıma yalan söylerse ateşe girer."[77]

Enes b. Mâlik (r.a) şöyle demiştir:

"Peygamber'in (s.a.v) şu sözü beni size çok hadis anlatmaktan alıkoyuyor: "Her kim benim adıma kasten yalan uydurursa ateşteki yerine hazırlansın!"[78]

Bu hadis, alimlerin söylediği gibi lafzen mütevatirdir. Zira bu hadis, içlerinde cennetle müjdelenen on sahabinin de bulunduğu toplam altmış sahabiden rivayet edilmiştir. Ayrıca bu hadis, cennetle müjdelenen on sahabinin ortak olarak rivayet ettiği tek hadistir.

Nevevî şöyle der: "Ateşteki yerine hazırlansın, ifadesi hakkında alimler, 'oraya yerleşsin' demiştir. Yine 'ateşten bir yer edinsin' anlamında olduğu da söylenmiştir. Hattâbî ise şöyle der: Bu kelimenin aslı deve ağılı anlamına gelen 'mebâetü'l-ibil'den gelmektedir.

Yine bu ifadenin emir lafzıyla söylenmiş bir dua olduğu ifade edilmiştir. Yani 'Allah onu ateşten bir yere yerleştirsin' ve (diğer hadisteki de) 'onu ateşe soksun' demektir. Yine bu ifadenin emir

77 Müslim, Mukaddime, 1/66.

78 Bu mütevatir bir hadistir. Buhârî, İlim, 1/200; Müslim, Mukaddime, 1/66.

lafzıyla söylenmiş bir haber olduğu da belirtilmiştir. Yani manası, 'O ateşi hak etmiştir; dolayısıyla oraya hazırlansın.' demektir.

Hadisteki yalan ifadesine gelince o, bizim mezhebimizin kelamcılarına göre, 'Bir şeyi kasten ya da yanılarak olduğu halden farklı bir şekilde bildirmek'tir. Aynı zamanda bu ehl-i sünnetin de görüşüdür.

Mutezile ise, 'Yalanda, kasten söylenmek şarttır.' demiştir. Ancak, bu hadislerdeki ifadeler bizden yana bir delildir. Çünkü Peygamber (s.a.v) hadiste yalanın kasten olma şartını koymuştur. Bu da yalanın kasten olabileceği gibi hata ile de olabileceğini gösterir.

Bilesin ki bu hadis, bazı faydalar ve kurallar içermektedir. Bunlardan biri ehl-i sünnetin yalanla alakalı olan şu kuralıdır: 'Yalan, kasten ya da yanılarak bir şeyi olduğu halden farklı bir şekilde söylemektir.'

İkincisi, Peygamber'in adına yalan söylemek büyük bir haram, ağır bir suç ve helak edici büyük günahlardandır. Yalnız bu haramı helal sayan kimse de kafir olur.

Peygamber (s.a.v) adına bir hadis dahi olsa kasten yalan söyleyen bir kimse fasık olur ve onun bütün rivayetleri reddedilir. Artık bu rivayetler bağlayıcı bir delil olamaz. Velev ki güzelce tevbe edip dönse bile... Zira içlerinde Ahmed b. Hanbel ve Ebû Bekir el-Humeydî'nin de bulunduğu bir grup alim böyle söylemiştir.

Yalnız bu alimlerin görüşleri zayıf ve şer'î kurallara aykırıdır. Tercih edilen görüş ise şartlarını yerine getirerek yapacağı tevbe geçerlidir ve tevbesinden sonraki rivayetleri de kabul edilir.

Üçüncüsü, Peygamber (s.a.v) adına uydurulan yalanın ahkamla alakalı olup olmaması arasında bir fark yoktur. Mesela teşvik, korkutma ve öğüt nitelikli de olsa bütün hepsi müslümanların icmasıyla haramdır, en büyük günah ve suçlardan biridir.

Dördüncüsü ise, bir kimse bir hadisin uydurma olduğunu biliyor ya da büyük ihtimalle uydurma olduğunu zannediyorsa o hadisi rivayet etmesi haramdır. Uydurma olduğunu bildiği ya da zannettiği bir hadisi rivayet edip de onun uydurma olduğunu belirtmeyen bir kimse de bu tehdide ve Peygamber'e (s.a.v) yalan söyleyenler cümlesine dahildir. Zira şu hadis bunu açıkça göstermektedir: 'Kim benim adıma yalan olduğunu bildiği bir sözü hadis diyerek naklederse o da yalancılardan biridir."[79]

3. Allah'a isyan olan bir konuda büyüklere ve zalimlere itaat edenin cezası

Allah (c.c) şöyle buyuruyor:

"Yüzleri ateşte evirilip çevrildiği gün: Eyvah bize! Keşke Allah'a itaat etseydik, Peygamber'e de itaat etseydik! derler. Ey Rabbimiz! Biz reislerimize ve büyüklerimize uyduk da onlar bizi yoldan saptırdılar, derler. Rabbimiz! Onlara iki kat azap ver ve onları büyük bir lânetle rahmetinden kov."[80]

Kâsımî şöyle diyor:

"*Yüzleri ateşte evirilip çevrildiği gün,* yani yüzleri ateşte bir o tarafa bir bu tarafa çevrilir; aynı bir parça etin kaynar bir tencerede, suyun kaynaması ile bir o tarafa bir bu tarafa gidip gelmesi gibi. Ya da bu ifade yanıp kararmak, parçalanmak gibi bir halden diğerine geçme anlamında da olabilir. Zemahşerî ise şöyle der:

"Bu ayette özellikle yüzün zikredilmesi, onun insan vücudunun en şerefli yeri olmasındandır. Ayrıca burada yüzden bütün vücudun kastedilmesi de mümkündür. *Keşke Allah'a itaat etseydik, Peygamber'e de itaat etseydik!*, sözü ise eğer bunu yapsaydık bu azaptan kurtulurduk demektir."[81]

---

79 *Şerhu'n-Nevevî alâ Sahîhi Müslim*'den kısaltarak. 1/69-71. Hadis, Müslim, Mukaddime, 1/62.

80 Ahzâb, 66-68.

81 *Mehâsinu't-Te'vîl*, Dâru'l-Fikr, 13/313.

4. Yetim malı yiyenin cezası

Allah (c.c) şöyle buyuruyor:

"Haksızlıkla yetimlerin mallarını yiyenler şüphesiz karınlarına ancak ateş tıkınmış olurlar; zaten onlar alevlenmiş ateşe gireceklerdir."[82]

Zemahşerî şöyle der:

"Ateş yiyenler demek, ateşe sürükleyecek şeyleri yiyenler demektir ki sanki onlar gerçek anlamda bir ateştir. Rivayet edildiğine göre yetim malı yiyen kimse kıyamet günü arkasından, ağzından, burnundan, kulaklarından ve gözlerinden duman çıkar bir halde diriltilecekmiş. Ve insanlar da onun dünyadayken yetim malı yediğini anlayacaklarmış.

Ayetteki 'seyaslevne/girecekler' ifadesi, bir başka kıraatte 'seyuslevne/sokulacaklar' şeklinde de okunmuştur. 'Saîr' ise ateş demektir; yalnız niteliği belirtilmemiştir."[83]

Muhammed Reşîd Rızâ ise şöyle der:

"*"Haksızlıkla yetimlerin mallarını yiyenler"* yani zalim bir halde onların malını yiyenler ya da ihtiyaç dolayısıyla, borç almak suretiyle, bir işin ücreti olması gibi uygun bir şekilde değil de, zu-

---

82 Nisâ, 10.

83 *Keşşâf*, 1/479. Zemahşerî'nin zikrettiği rivayet hakkında onun kitabını tahkik eden şöyle diyor: "Bunu Taberî, Süddî vs. kanalıyla rivayet etmiştir. İbn Hibbân'da ise 'Zinâd b. Ebi'l-Münzir an Nâfi' b. Hâris an Ebî Berze' kanalıyla Peygamber'e dayandırılarak şöyle rivayet edilmiştr: 'Allah (c.c.) kıyamet gününde bir grup insanı, ağızlarında alev alev ateş tutuşmuş bir halde kabirlerinden diriltir. Birisi, 'Onlar kimdir, ey Allah'ın Resûlü?' diye sorunca Peygamber (s.a.v) şöyle buyurdu: 'Bilmiyor musun ki Allah (c.c.) şöyle buyuruyor: *"Haksızlıkla yetimlerin mallarını yiyenler şüphesiz karınlarına ancak ateş tıkınmış olurlar; zaten onlar alevlenmiş ateşe gireceklerdir."* Ancak bu hadisin isnadında geçen Zinâd için İbn Maîn 'yalancı' demiştir. Ayrıca Zinâd'ın hocası Nâfi' b. Hâris de zayıftır. Zira İbn Adiyy, onu Zinâd'ın tercemesinde zayıflardan saymış ve onun illetli olduğunu belirmiştir." *Keşşâf*, 1/479, dipnot.

lüm ve haksızlıkla yiyenler demektir. Zira bir önceki ayette Allah (c.c) fakir olanlara uygun bir şekilde yemelerine izin vermiştir. Yine bu uygunluk şeriatın diğer delillerinden anlaşılmaktadır.

"Şüphesiz karınlarına ancak ateş tıkınmış olurlar." yani bütün karınlarını doldururlar demektir. Bu ifade zarflarda yaygın bir şekilde kullanılmaktadır. Sanki burada dolan dolduğu şeyle iyice dolmuş anlamı çıkmaktadır. Burada 'karınlarına' ifadesinin zikredilmesinin sebebi tekit anlamında ve vakıayı tam anlamıyla anlatmak da olabilir. Nitekim bir başka ayette Allah (c.c) şöyle buyuruyor: *"Onlar kalplerinde olmayan şeyleri dilleriyle söylüyorlar."*[84]

'Ateş yiyorlar' yani ateş azabına sebep olacak şeyi ya da zarar itibariyle ateş gibi olan bir şeyi yiyorlar demektir.

'Alevlenmiş ateşe gireceklerdir.' Daha önce geçen 'yiyorlar' kelimesini gelecek zaman alametiyle zikretmeyen Allah (c.c) gelecek zaman alameti olan sin harfini taşıyan yeslevneyi onun üzerine atfetmiştir. Dolayısıyla buradan şöyle bir anlam çıkmaktadır: Onlar şu anda yemeleri hayırlı olmayan bir şeyi yiyorlar. Çünkü onun çirkinliği ve sebep olacağı ceza ateş gibidir ya da o ateşe girmeye bir sebeptir.

Sonra da 'ateş yemek' ifadesindeki mecaz yoluyla gelecekte, cezalandırılacakları şeyi haber vererek şöyle dedi: *Alevlenmiş ateşe gireceklerdir."*[85]

5. Haksız yere bir mümini öldürmenin cezası

Allah (c.c) şöyle buyuruyor: *"Kim bir mümini kasten öldürürse cezası, içinde ebediyen kalacağı cehennemdir. Allah ona gazap etmiş, onu lânetlemiş ve onun için büyük bir azap hazırlamıştır."*[86]

---

84 Fetih, 11.

85 *Tefsîru'l-Menâr*'dan kısaltarak. Dâru'l-Ma'rife, 4/400-401.

86 Nisâ, 93.

Bu ayetin tefsirinde İbn Kesîr (rh.a.) şöyle diyor:

"Bu ayet, böyle büyük bir günahı işleyenler için çok büyük ve ağır bir tehdit içermektedir. Nitekim bir çok ayette de bu büyük günah Allah'a şirk koşmakla yan yana zikredilmiştir:

"Yine onlar ki, Allah ile beraber (tuttukları) başka bir tanrıya yalvarmazlar, Allah'ın haram kıldığı cana haksız yere kıymazlar..."[87]

"De ki: Gelin Rabbinizin size neleri haram kıldığını okuyayım: O'na hiçbir şeyi ortak koşmayın... ve Allah'ın yasakladığı cana haksız yere kıymayın!"[88]

Adam öldürmenin haram oluşu konusunda bir çok ayet ve hadis vardır. Bunlardan biri, Buhârî ve Müslim'in İbn Mes'ûd'-dan rivayet ettikleri şu hadistir:

"Kıyamet gününde insanlar arasında görülecek ilk dava kan (davaları)dır."[89] Ebû Dâvûd'un Ubâde b. Sâmit'ten rivayet ettiği bir diğer hadiste ise Peygamber (s.a.v) şöyle buyurmaktadır:

"Mümin haram olan bir cana kıymadıkça salih ve günahları azdır. Şayet haram bir cana kıyarsa (cennete giden yoldan) geri kalmış ve ağır vebal altına girmiş olur."[90]

Bu konudaki bir başka hadis ise şöyledir:

---

87 Furkân, 68.

88 En'âm, 151.

89 Buhârî, Diyât, "Bir mümini kasten öldüren kimse babı", 12/187; Tirmizî, Diyât, 6/173. Bu hadis kıyamet gününde, insanlar arasındaki haklarla alakalı olarak ilk görülecek davanın kan davaları olacağını ifade etmektedir. Allah'ın hakları içerisinde ilk görülecek dava ise namazdır. Nitekim başka hadislerde bu açıkça bildirilmiştir.

90 Ebû Dâvûd, el-Fiten ve'l-Melâhim, "Mümini öldürmenin ağır vebali babı", 4250. Elbânî de bu hadisin sahih olduğunu söylemiştir. *el-Câmi'*, 7570. Hadiste geçen, "mu'nik" kelimesi yükü hafif ve hızlı yürüyen; "Belleha" ise yorgun düşmek ve *yoldan kesilmek anlamına gelmektedir. Buhârî de geçen farklı bir rivayet ise* şöyledir: "mümin, cana kıymadıkça dini konusunda genişlik içindedir."

"Allah katında, bütün dünyanın yok olması bir müslümanın öldürülmesinden daha hafifitir."[91]

Ayrıca İbn Abbâs (r.a) bir mümini kasten öldüren kimse için tevbenin söz konusu olamayacağı kanaatindeydi."[92]

İbn Kesîr daha sonra şöyle devam ediyor:

"Ümmetin tamamının üzerinde birleştiği nokta, adam öldüren birisinin tevbe hakkı vardır. Şayet tevbe eder, Allah'a yönelir, samimi bir şekilde O'na itaat eder ve salih ameller işlerse Allah (c.c) onun kötülüklerini iyiliğe çevirir. Öldürülen mazlumun ise hakkını telafi eder ve onu isteği konusunda razı eder. Zira Allah (c.c) şöyle buyuruyor:

"Yine onlar ki, Allah ile beraber (tuttukları) başka bir tanrıya yalvarmazlar, Allah'ın haram kıldığı cana haksız yere kıymazlar... Ancak tevbe ve iman edip iyi davranışta bulunanlar başkadır; Allah onların kötülüklerini iyiliklere çevirir."[93]

Bu ayetteki ifade haber cümlesidir; dolaysıyla da onun neshedilmesi ya da müşriklere hamledilmesi caiz değildir.

Ayrıca (Nisa, 93) ayetinin müminlere hamledilmesi ayetin zahirine aykırıdır. Bununla beraber bunun yapılabilmesi için bir delil de olması gerekir. Allah en iyisini bilir.

Bir başka ayette Allah (c.c) şöyle buyuruyor:

"De ki: Ey kendi nefisleri aleyhine haddi aşan kullarım! Allah'ın rahmetinden ümit kesmeyin! Çünkü Allah bütün günahları bağışlar."[94] Bu ayetin hükmü küfür, şirk, şüphe, nifak, adam öldürme, fısk vs. bütün günahları kapsamaktadır. Dolayısıyla bu

---

91 Tirmizî, Diyât, "Mümini öldürmenin ağır vebali babı", 6/173; İbn Mâce, Diyât, 2619. Elbânî de *Ğâyetu'l-Merâm*'da (439) sahih olduğunu söylemiştir.

92 *Tefsîru'l-Kur'âni'l-Azîm*'den kısaltarak. 1/535-536.

93 Furkân, 68-70.

94 Zümer, 53.

günahlardan tevbe eden herkesin tevbesini Allah (c.c) kabul eder.

Bu konudaki bir başka ayet ise şöyledir:

"Allah, kendisine ortak koşulmasını asla bağışlamaz; bundan başkasını, (günahları) dilediği kimse için bağışlar."[95] Bu ayetin hükmü de aynı şekilde umumidir ve şirk haricinde bütün günahları kapsar. Ayrıca bu ayet, kasten bir mümini öldürmenin cezasından bahsedilen ayetin öncesinde ve sonrasında olmak üzere bu surede iki defa zikredilmiştir. Ki bu da tevbe konusundaki umudu kuvvetlendirmek içindir. Allah daha iyi bilir.

Yine Buhârî ve Müslim'de rivayet edilen bir hadiste şöyle geçmektedir: İsrailoğullarından bir adam yüz kişiyi öldürür; sonra da bir alime, 'Benim için tevbe imkanı var mıdır?' diye sorar. Alim de ona, 'Tevbe etmene ne engel olabilir ki' der ve sonra ona Allah'a ibadet edilen bir beldeye gitmesini söyler. O da oraya giderken yolda ölür ve netice olarak da onun ruhunu rahmet melekeleri alıp götürür. Nitekim biz bu rivayeti bir çok kez anlattık.

İsrailoğullarından bir katilin durumu bu olursa, bu ümmetten birinin tevbesi haydi haydi kabul olur demektir. Çünkü Allah (c.c) onlar hakkında söz konusu olan ağır yükümlülükleri bizden kaldırmıştır. Ayrıca bizim Peygamber'imizi (s.a.v) müsamahalı hanif bir şeriatla göndermiştir. "*Kim bir mümini kasten öldürürse,* ayetindeki cezaya gelince, bu konuda Ebû Hureyre (r.a) şöyle demiştir: 'Bu ayetteki ceza, Allah'ın (affetmeyip) cezalandırdığı kimse için geçerlidir."[96]

---

95 Nisâ, 48.

96 *Tefsîru'l-Kur'âni'l-Azîm*, 1/547. Konunun devamı ve kasten adam öldürme hakkındaki hükümler için aynı sayfaya ve devam eden sayfalara bakınız. Ayrıca İbn Kesîr'in bu konudaki açıklamalarını, çok değerli olması dolayısıyla Kâsımî de tefsirinde nakletmiştir.

6. Zalimlerin uşaklık edenlerin ve açık saçık kadınların cezası

Ebû Hureyre'den (r.a) Peygamber'in (s.a.v) şöyle dediği rivayet edilmiştir:

"Cehennemliklerden iki grup insan vardır ki kendilerini henüz görmedim: Biri, sığır kuyrukları gibi kırbaçlarla insanları döven bir topluluk. Diğeri, giyinmiş oldukları halde çıplak görünen, yoldan çıkmış, başka kadınları da kendileri gibi olmaya teşvik eden ve başları deve hörgücüne benzeyen kadınlardır. İşte bu kadınlar cennete giremedikleri gibi, şu kadar uzak mesafeden hissedilen kokusunu bile alamazlar."[97]

Kurtubî bu hadis hakkında şöyle diyor:

"İbn Fâris, *el-Mücmel*'de şöyle der: 'Hadiste geçen "sevt" kelimesi, azaptan pay ve bir şeyi diğeriyle karıştırmak anlamlarına gelmektedir. Peygamber (s.a.v) ise burada kırbaçların büyüklüğünden ve terbiye için dövmede aşırı gidilmesinden söz etmektedir. Kırbaçlarla alakalı olarak Peygamber'in (s.a.v) bu sözleri zamanımızda Mağrib'de ve başka yerlerde gerçekleşmiştir.'

'Giyinmiş çıplak kadınlar' ifadesi ise elbiseler giyinmiş ama açılıp saçıldıkları ve güzelliklerini sergiledikleri için dini yönden çıplak kalmış kadınlar, demektir. Bunların, 'altını gösterecek derecede ince elbiseler giyinmiş kadınlar' olduğu da söylenmiştir. Zira onlar görünüşte giyiniktirler; ama aslında çıplaktırlar. Yine bunların, 'dünyada giyilmesi ve takılması haram olan elbise ve süs eşyalarına bürünen; ama ahirette bunlardan mahrum kalacak olan kadınlar' anlamında olduğu da söylenmiştir.

'Mâilâtun' ifadesinin, Allah'a ve kocalarına itaat etme, ırzlarını koruma ve yabancı erkeklere karşı örtünme konusunda yanlış yola sapmış kadınlar anlamında olduğu söylenmiş; 'mumîlâtun' ifadesininse başka kadınlara da kendileri gibi olmayı öğreten kadınlar demek olduğu belirtilmiştir.

97 Müslim, el-Libâs ve'z-Zîne, 14/109, 110.

'Başları deve hörgücüne benzeyen kadınlar' ifadesine gelince, bunun anlamı, 'Onlar, başlarını başörtüsü vb. şeylerle büyük gösteren kadınlar' demektir. Yani, kadınların 'et-tâze' adını verdikleri şeyi (bugün kadınların başlarını büyük göstermek için başörtülerinin altına koydukları dolgu -çev-) başlarının üstüne koyan kadınlar demektir.

Yalnız saçın başın arkasında toplanması ya da örülmesi buna dahil değildir. Zira Müslim'de geçen bir hadiste Ümmü Seleme'nin (r.a) Peygamber'e (s.a.v) 'Ey Allah'ın Resûlü! Ben saçımı örüyorum...' dediği geçmektedir."[98]

Nevevî de şöyle der:

"Bu hadis Peygamber'in (s.a.v) mucizelerindendir. Zira bu iki sınıf insan da bugün mevcuttur. Ayrıca hadiste de bu iki sınıf yerilmektedir."[99]

7. İntiharın cezası

Peygamber (s.a.v) şöyle buyurmuştur:

"Kendini herhangi bir şeyle öldüren kimse, cehennem ateşinde o şey ile azap görecektir."[100]

Ebû Hureyre'den (r.a) rivayet edilen bir başka hadiste Allah Resûlü (s.a.v) şöyle buyuruyor:

"Kim kendini bir demir parçasıyla öldürürse, cehennem ateşinde sonsuza kadar o demiri karnına saplayacaktır. Kim zehir içerek kendini öldürürse, o da cehennem ateşinde sonsuza kadar onu içecektir. Kim de dağ vb. yüksek bir yerden atlayarak ken-

---

98 *et-Tezkira fî Ahvâli'l-Mevtâ ve Umûri'l-Âhira*, 1/445. Hadis, Müslim, Hayd, 4/11; Nesâî, Tahâre, 1/131.

99 *Şerhu'n-Nevevî alâ Sahîhi Müslim*, 10/14.

100 Buhârî, el-Eymân ve'n-Nuzûr, 11/537; Müslim, Îmân, Sâbit b. Dahhâk'tan, 2/119.

dini öldürürse, o da sonsuza kadar cehennem ateşinde yuvarlanacaktır."[101]

İbn Hacer bu hadisin şerhinde şöyle diyor:

"İbn Dakîk el-Îyd şöyle der: 'Bu, ahiretteki cezaların dünyadaki suçlara benzediğini göstermektedir. Hadisten insanın kendisini öldürmesinin, günah bakımından başkasını öldürmekle aynı olduğu anlaşılmaktadır. Çünkü can kayıtsız şartsız olarak insana ait değildir. Aksine o Allah'ındır ve kul onu ancak O'nun izin verdiği şekilde kullanabilir.'

Yine bu hadise bakarak bazıları 'katile keskin bir şeyle kısas yapılır' diyenlerin aksine katile, maktulu öldürdüğü şeyin aynısıyla kısas yapılacağını söylemişlerdir. Yalnız, İbn Dakîk el-Îyd bunu reddetmiş ve Allah'ın hükümlerinin O'nun fiillerine kıyaslanamayacağını söylemiştir. Zira Allah'ın ahirette yapacağını söylediği her şeyi, kulların bu dünyada yapması meşru değildir. Mesela ateşte yakmak, bağırsakları parçalayacak derecede kaynar su içirmek gibi.

Netice olarak kısasta kısas yapılacak şeyin denkliği meselesi için bu hadis delil olamaz. Nitekim bazıları da bu konuda, *"Bir kötülüğün cezası, ona denk bir kötülüktür."*[102] ayetini delil olarak almışlardır."[103]

8. Altın ve gümüş kaplarda yiyip içmenin cezası

İbn Ebî Leylâ'dan şöyle rivayet edilmiştir:

"Huzeyfe (r.a) Medâin'de olduğu bir sırada su istedi. Bulunduğu yerdeki kavmin efendisi ona gümüş bir bardakla su getirdi. Huzeyfe (r.a) bardağı o adama fırlattı ve şöyle dedi: 'Ona

---

101 Müslim, Îmân, 2/118.

102 Şûrâ, 40.

103 *Fethu'l-Bârî,* 11/539.

bardağı fırlatmamın sebebi şudur: Ben ona (gümüş kap) kullanmasını yasaklamıştım; ama o bunu terk etmedi. Zira Peygamber (s.a.v) bize kalın ve ince ipeği, altın ve gümüş kaplardan içmeyi yasakladı ve 'Onlar bu dünyada kafirlerin; ahirette ise sadece sizindir.' buyurdu."[104]

İsmâîlî bu hadis hakkında şöyle der:

"Bu dünyada kafirlerindir, ifadesi onların hadiste sayılanları kullanmalarının caiz olduğu anlamında değildir. Onlarındır, ifadesinden kastedilen, kafirler bu dünyada müslümanların adetinin aksine onları kullanırlar, demektir. Aynı şekilde 'ahirette de sizindir' ifadesi dünyada terk etmenize karşılık bir mükafat olarak onları ahirette siz kullanacaksınız; kafirlere ise onları kullanmak dünyada kullanmalarının cezası olarak yasaklanacaktır, demektir.'

İbn Hacer ise şöyle der:

'Burada, onları dünyada kullananların ahirette kullanamayacaklarına da işaret edilmiş olabilir. Nitekim hadislerde geçtiği üzere şarap ve ipek için böyle bir durum söz konusudur."[105]

Peygamber'in (s.a.v) hanımı Ümmü Seleme onun şöyle dediğini rivayet etmiştir:

"Gümüş kaptan bir şey içen kimse, karnına ancak cehennem ateşi doldurmuş olur."[106]

---

104 Buhârî, Eşribe, 10/94.

105 *Fethu'l-Bârî*, 10/95.

106 Buhârî, Eşribe, 10/96. Taberânî ise bu hadisi İbn Abbâs'tan (r.a) şu lafızlarla rivayet etmiştir: "Altın kaplardan içen kimse, karnına sadece ateş doldurur." 11/373. Taberânî'nin muhakkiki ise şöyle der: "Bu hadisi Ebû Ya'lâ (1/37), Taberânî, *el-Mu'cemu's-Sağîr*'de (1/115) ve *el-Mu'cemu'l-Evsat*'ta (390) rivayet etmiştir. Her iki kitapta da hadisin senedi aynıdır. *Mecmeu'l-Bahreyn*'de (5/77) de şöyle demiştir: 'Ebû Ya'lâ'nın rivayet ettiği hadisin isnadında, Muhammed b. Yahyâ b. Ebî Semîne adlı bir ravi vardır. Ebû Hâtim, İbn Hibbân vb. alimler ona sika/güvenilir demiştir. Hakkında ileri geri konuşulmuştur; yalnız bu onun güvenilirliğine bir zarar vermez. İs-

İbn Hacer şöyle der:

"Bu hadislerden, kadın olsun erkek olsun her mükellefin altın ve gümüş kaplardan bir şey yemesinin ya da içmesinin haram olduğu anlaşılmaktadır. Yalnız kadınların süs eşyaları buna dahil değildir. Çünkü altın ve gümüş kaplar, helal olan süslenmeye dahil değildir. Kurtubî vb. alimler de şöyle der:

'Bu hadisten, altın ve gümüş kapların yeme ve içme için kullanılmasının haram olduğu anlaşılmaktadır. Bu kapların yeme ve içmenin yanı sıra kokulanma, sürmelenme gibi benzer işler için kullanılması da haramdır. Alimlerin çoğunluğunun görüşü de bu şekildedir."[107]

9. İyiliği emredip de kendisi yapmayan ve kötülüğü yasaklamasına rağmen de onu işleyen kimsenin cezası

Ebû Vâil'den şöyle rivayet edilmiştir:

"Üsâme'ye (r.a) 'Filan adama gitsen de kendisiyle bir konuşsan!' denildi. O da şöyle karşılık verdi: 'Siz zannediyorsunuz ki ben onunla sadece sizin yanınızda konuşuyorum. Halbuki ben onunla gizlice, ilk açacak kimse olmayacağım bir (fitne) kapısını açmadan konuşuyorum. Peygamber'den (s.a.v) işittiğim bir hadisten sonra da birisine, benim idarecim oldu diye, 'O insanların en hayırlısıdır.' da demem.'

Bunun üzerine Üsâme'ye 'Peygamber'den (s.a.v) ne işittin?' diye soruldu. O da, 'Resûlullah'ı (s.a.v) şöyle buyururken işittim.' dedi:

'Kıyamet günü bir adam getirilir ve cehennem ateşine atılır. Bağırsakları karnından dışarı çıkar ve onlarla birlikte değirmen

---

nadın geri kalan ravileri ise sikadır. Ayrıca bu hadisin Buhârî'de Ümmü Seleme'nin rivayet ettiği bir şahidi de bulunmaktadır."

107 *Fethu'l-Bârî*, 10/97.

döndüren merkep gibi döner durur. Cehennem halkı onun etrafına toplanırlar ve derler ki: 'Ey filân! Ne bu halin? Sen bize iyiliği emredip kötülüğü de yasaklamıyor muydun?' O kişi de: 'Evet, ben size iyiliği emrederdim; fakat kendim yapmazdım. Kötülüğü de yasaklardım, fakat kendim yapardım, der."[108]

İbn Hacer bu hadisin şerhinde şöyle der:

"Hadiste geçen 'ektâbuhu' kelimesi bağırsaklar anlamına gelir; 'tendeliku' ise bağırsakların süratle dışarı çıkmaları demektir. Kınından kendiliğinden çıkan kılıç için de 'indeleka's-seyfu' ifadesi kullanılır.

'Yetûfu bihi ehlu'n-nâr' ise cehennemdekiler onun etrafında toplanırlar anlamına gelir. Nitekim halk birisinin etrafında toplanıp da halka olduğunda, 'etâfe bihi'l-kavmu' denir. Eğer etrafında dönerlerse, o zaman da, 'tâfû' ifadesi kullanılır."[109]

Kâdî İyâd ise şöyle der:

"Üsâme (r.a) hadisteki ifadeleriyle, halifeye karşı açıktan nasihat etme kapısını açmayacağını kastetmektedir. Zira bunun yol açacağı kötü sonuçlardan çekinmektedir. Aksine ona karşı yumuşak olup gizlice nasihat ettiğini belirmektedir. Zira böyle bir nasihat daha kolay kabul edilir.

'Benim idarecim olan birine, 'O insanların en hayırlısıdır.' da demem.' sözü ise, idarecilere, yaptıkları iyi işler dolayısıyla yağcılık edip içinde olanın aksini söylemenin, tıpkı kötü işlerde yaltaklık etmek gibi kötü bir şey olduğunu göstermektedir.'

Taberî ise şöyle der.

"Selef iyiliği emretme konusunda ihtilaf etmişlerdir. Bazısı kayıtsız şartsız olarak farzdır demiş ve Târık b. Şihâb'dan rivayet edilen şu hadisi delil olarak almışlardır: 'Cihadın en üstünü,

108 Buhârî, Bedu'l-Halk, 6/329 ve Fiten, 13/48; Müslim, Zühd, 18/118.

109 *Fethu'l-Bârî*'den kısaltarak. 13/52.

zalim idarecinin yanında hakkı söylemektir.'[110] Yine şu hadise de dayanmışlardır: 'Sizden her kim bir kötülük görürse onu eliyle düzeltsin...'[111]

Bazıları ise, 'Kötülüğü engellemek farzdır; ancak peşinden ölüm vb. önü alınamayacak bir fitnenin olmaması şartıyla.' Demiştir.

Başkaları da şöyle demiştir: 'Kötülüğe kalbiyle buğz eder. Zira Ümmü Seleme'den (r.a) Peygamber'in (s.a.v) şöyle dediği rivayet edilmiştir: 'Benden sonra sizin başınıza bazı idareciler geçecektir. Kim (onların dine uygun olmayan davranışlarını) hoş karşılamaz, kerih görürse (vebalden) korunmuş olur. Kim de tenkit eder, (onların kötülüklerine) engel olmaya çalışırsa, kurtuluşa erer. Fakat kim de razı ve hoşnut olur, onlara uyarsa (vay onun haline)'[112]

En doğrusu ise, ikinci görüşte zikredilen şartın göz önünde bulundurulmasıdır. Zira Peygamber (s.a.v) 'Müminin kendisini küçük düşürmesi yakışık almaz.' buyurmuş; sonra da bunun 'müminin altından kalkamayacağı belaya atılmakla' olacağını belirtmiştir. Taberî'nin sözü özetle bu şekilde.

Başkaları da bu konuda şöyle demiştir: 'İyiliği emretmeye gücü yeten ve bu konuda kendi adına gerçekleşecek bir zarardan korkmayan kimsenin bunu yapması farzdır. Bu şahıs bizzat günah işliyor olsa bile bu böyledir. Çünkü o yaptıklarının arasında, iyiliği emretmesine karşılık sevap alır; özellikle kendisi de itaatkar bir kulsa. Kendi işlediği günaha gelince Allah onu bağışlayabilir de cezalandırabilir de.

110 Tirmizî, Fiten, 9/19, 20. Tirmizî, "Hadis bu yönüyle hasen-ğaribdir." der. Ebû Dâvûd, Melâhim, 4322; İbn Mâce, Fiten, 4011. Bu hadisin isnadında Atiyye el-Avfî adlı zayıf bir ravi vardır. Ancak bu hadisin, Hâkim, Nesâî ve Ahmed tarafından rivayet edilen birkaç şahidi vardır. Bk. *es-Sahîha*, 491.

111 Müslim, Îmân, 2/22-25; Tirmizî, Fiten, 9/18, 19; Ebû Dâvûd, Salâtu'l-Îdeyn, 1128; Nesâî, Îmân, 8/111, 112; İbn Mâce, fiten, 4013.

112 Müslim, İmâre, 12/242, 243.

'İyiliği sadece hiçbir kusuru olmayanlar emredebilir.' diyenlere gelince, eğer bu sözle kusuru olmayanlar iyiliği emretmeye daha layıktır, anlamını kastediyorlarsa bu doğrudur. Eğer aksini kastediyorlarsa o zaman kusursuz kimsenin olmadığı bir yerde iyiliği emretme kapısının kapanması gerekir."[113]

10. Riya/gösteriş yapanların cezası

Ebû Hureyre (r.a) Peygamber'i (s.a.v) şöyle derken işittiğini rivayet etmiştir:

"Kıyamet günü hesabı ilk görülecek insanlar (üç gruptur):

(Birincisi) şehit düşmüş bir kimsedir. Huzura getirilir ve Allah (c.c) ona verdiği nimetleri hatırlatır; o da hatırlar ve bunlara nail olduğunu itiraf eder. Allah (c.c) ona: 'Peki, bunlara karşılık ne yaptın?' buyurur. O da:

–Şehit düşünceye kadar senin uğrunda cihad ettim, diye cevap verir. Allah (c.c):

–Yalan söylüyorsun. Sen, "cesur adam" desinler diye savaştın; o da denildi, buyurur. Sonra emrolunur da o kişi yüzüstü cehenneme atılır.

(İkincisi) ilim öğrenmiş, öğretmiş ve Kur'an okumuş bir kişidir. O da huzura getirilir. Allah ona da verdiği nimetleri hatırlatır. O da hatırlayıp itiraf eder. Ona da:

–Peki, bu nimetlere karşılık ne yaptın? diye sorar. O da:

–İlim öğrendim, öğrettim ve senin rızân için Kur'an okudum, cevabını verir. Allah (c.c):

–Yalan söylüyorsun. Sen "âlim" desinler diye ilim öğrendin, "Ne güzel okuyor" desinler diye Kur'an okudun. Bunlar da senin hakkında söylendi, buyurur. Sonra emrolunur o da yüzüstü süründürülerek cehenneme atılır.

---

113 *Fethu'l-Bâri*'den kısaltarak. 13/52-53.

(Üçüncüsü ise) Allah'ın kendisine her çeşit mal ve imkân verdiği bir kişidir. Allah verdiği nimetleri ona da hatırlatır. O da hatırlayıp itiraf eder.

– Peki ya sen bu nimetlere karşılık ne yaptın? buyurur. O da:

– Malımı verilmesini sevdiğin, razı olduğun hiç bir yerden esirgemedim, sadece senin rızânı kazanmak için harcadım, der. Allah (c.c):

– Yalan söylüyorsun. Halbuki sen, bütün yaptıklarını "ne cömert adam" desinler diye yaptın. Bu da senin için zaten söylendi, buyurur. Sonra emrolunur bu da yüzüstü cehenneme atılır."[114]

Nevevî bu hadisin şerhinde şöyle der:

"Peygamber'in (s.a.v) şehit, alim ve cömert kimseler hakkındaki sözleri, bunları Allah rızasından başka amaçlar için yaptıklarından dolayı aldıkları ceza ve cehenneme atılmaları riyanın ağır bir haram, cezasının da çok şiddetli olduğunu göstermektedir. Yine bu hadis, amelleri sadece Allah rızası için yapmanın farz olduğunu göstermektedir. Zira Allah (c.c) şöyle buyuruyor:

"Halbuki onlara ancak, dini yalnız O'na has kılarak ve hanîfler olarak Allah'a kulluk etmeleri, namaz kılmaları ve zekât vermeleri emrolunmuştu. Dosdoğru din de budur."[115]

Yine bu hadis, cihadın fazileti hakkında gelen rivayetlerin onu sadece Allah rızasını gözeterek yapanlar için geçerli olduğunu göstermektedir. Ayrıca alimler, sadaka verip değişik hayır işleri yapanlar hakkındaki övgü ve müjdeler de bunları sadece Allah rızası için yapanlar için geçerlidir.[116]

114 Müslim, İmâre, 13/50, 51.

115 Beyyine, 5.

116 *Şerhu'n-Nevevî alâ Sahîhi Müslim*, 13/50-51.

11. Canlılara eziyet edenlerin cezası

İbn Ömer (r.a) Peygamber'in (s.a.v) şöyle dediğini rivayet etmiştir:

"Bir kadın, ölünceye kadar hapsettiği bir kedi yüzünden azâba uğradı ve bu sebeple cehenneme girdi. Hayvanı hapsettiğinde ona bir şey yedirmemiş, içirmemiş, yerdeki haşereleri yemesine de izin ve imkân vermemişti."[117]

İbn Hacer şöyle der:

"Bu hadisten anlaşılan, kadın kediyi hapsetmek suretiyle öldürdüğü için azaba uğramıştır. İyâd şöyle der:

'Bu kadının kafir biri olması ve gerçek anlamda ateşle azaplandırılması mümkün olabileceği gibi bu konuda hesaba çekilmek suretiyle de azaba uğramış olabilir. Zira inceden inceye hesaba çekilen birisi azaba maruz kalır. Yine bu kadının kafir olması ve küfründen dolayı azaba uğraması, kediyi öldürdüğü için de fazladan bir azaba çarptırılması da muhtemeldir. Ayrıca bu kadın müslüman olup yaptığı işten dolayı da azaba uğramış olabilir.'

Nevevî ise şöyle der: 'Hadisten anlaşıldığı kadarıyla bu kadın müslümandır. Cehenneme de işlediği bu günah sebebiyle girmiştir."[118]

Bir kediyi hapsederek ona eziyet eden kimsenin cezası bu olursa, Allah'ın mümin kullarına eziyet edenlerin cezası acaba ne olur? *"Şüphesiz ki bunda aklı olan veya hazır bulunup kulak veren kimseler için bir öğüt vardır."*[119]

Bir amel küçük görünebilir; ama belki de o Allah katında büyük bir günahtır. Yine tam tersine bir amel basit görünebilir; ama o bir çok hayra vesile olan salih bir amele denk olabilir.

---

117 Buhârî, Bed'u'l-Halk, 6/356; Müslim, el-Birr ve's-Sıla, 16/172.

118 *Fethu'l-Bârî*'den kısaltarak. 6/357-358.

119 Kâf, 37.

Nitekim şu hadis bunu açıkça göstermektedir: Ebû Hureyre (r.a) Peygamber'in (s.a.v) şöyle dediğini rivayet etmiştir:

"Vaktiyle bir adam yolda giderken çok susadı. Bir kuyu buldu ve içine inip sudan içti. Dışarı çıktığında bir de ne görsün, bir köpek, dili bir karış dışarıda soluyor ve susuzluktan nemli toprağı yalayıp duruyor. Adam kendi kendine "Bu köpek de tıpkı benim gibi çok susamış" deyip hemen kuyuya indi. Mestini su ile doldurdu ve onu ağzında tutarak yukarıya çıktı. Sonra da suyu köpeğe verdi. Onun bu hareketinden Allah (c.c) hoşnut oldu ve adamı bağışladı.'

Sahâbe: 'Ey Allah'ın Resûlü! Bizim için hayvanlardan dolayı da sevap var mı?' dediler. Bunun üzerine Peygamber (s.a.v) şöyle buyurdu: "Her canlı(ya yapılan iyilik) sebebiyle sevap vardır"[120]

12. Allah'ı gazaplandıracak şekilde konuşmanın cezası

Ebû Hureyre (r.a) Peygamber'in (s.a.v) şöyle dediğini rivayet etmiştir:

"Kul, Allah'ın hoşnut olduğu bir sözü önemsemeksizin söyleyiverir de Allah o söz sebebiyle onun derecesini yükseltir. Yine bir kul Allah'ın gazabını gerektiren bir sözü hiç önemsemeksizin söyleyiverir de bu sözü sebebiyle cehennemin dibini boylar."[121]

---

120 Buhârî, Muzâra, 5/40, 41; Müslim, Selâm, 14/241, 242. Nevevî şöyle der: "Bu hadiste, saygın, yani öldürülmesi emredilmemiş olan canlılara iyilik yapmak teşvik edilmektedir. Öldürülmesi emredilmiş olanlar ise dinin emrine uyularak öldürülür. Bunlar, savaşta düşman saflarında yer alan kafirler, dinden dönenler, kuduz köpekler, fareler, akrepler gibi hadislerde açıklanmış olan türden canlılardır. Ama bunların haricindeki canlılara su ve yiyecek vermek vb. iyilikler yapmak sevaptır. Bu, ister bir köle olsun isterse de özgür biri olsun fark etmez..

121 Buhârî, Rikâk, 11/307; Müslim, Zühd, 18/117; Tirmizî, Zühd, 9/195. Tirmizî'inin rivayeti şöyledir: "İnsan kendince sakınca görmediği bir söz söyler de onun sebebiyle yetmiş yıl cehennemde yuvarlanır."

İbn Hacer şöyle der:

"Hadiste geçen "kelime" ifadesi, ister kısa ister uzun olsun hayır ya da şerri içeren bir konuşma anlamındadır. Nitekim imanın ilk şartı olan söze kelime-i şehadet denir. Yine kaside için de "kelime" ifadesi kullanılır.

Benzer bir rivayette geçen 'ma yetebeyyenu fîhâ' ifadesi ise, ne anlama geldiğini anlamadan ve iyice düşünüp araştırmadan sadece bir menfaat söz konusu olduğunda konuşmak anlamındadır.

'Önemsemeksizin' ifadesi ise, söylediği sözü ve onun akıbetini düşünmemek ve onun herhangi bir etkisinin olmayacağını zannetmek, demektir.

'Yehvî' ifadesi hakkında, İyâd şöyle der: 'Bu ifade, cehennemin dibine doğru düşer, demektir. Zira bir başka rivayette, 'o söz sebebiyle cehennemin dibine iner' diye geçmektedir. Cehennemin tabakaları aşağı doğru olduğu için bu iniş düşmek anlamındadır.'

İbn Abdilberr şöyle der: 'Söyleyeni cehennemin dibine yuvarlayan söz, zalim idarecinin yanında söylenen sözdür.' İbn Battâl ise bu söze şunu ekler: 'İdarecinin yanında, bir müslümana zulüm etmek ya da ona zarar vermek amacıyla söylenen sözdür, ki bu söz o müslümanın ölümüne neden olur. Her ne kadar o sözü söyleyen onun ölmesini istemese de bazen böyle olur ve neticede günah da o sözü söyleyene yazılır.'

İbn Vehb'den de şöyle nakledilir: 'Bu söz, Allah'ın bir emrini inkar amacı olmaksızın söylenmiş olan kötü, çirkin ve edepsiz sözlerdir.'

Kâdî İyâd ise şöyle der: 'Bu söz, edepsiz ve müstehcen konuşmalar olabileceği gibi bir müslümana üstü kapalı olarak büyük günah işledi iftirasında bulunmak ya da onunla alay etmek de olabilir. Ayrıca, kalpten inanarak söylememekle birlikte dinle alakalı bir konuyu hafife almak da olabilir.'

İzzuddîn b. Abdüsselam da şöyle der: 'Bu söz, söyleyenin iyi ya da kötü olduğunu bilmediği sözdür. Bu sebeple insanın iyi mi yoksa kötü mü olduğunu bilmediği bir sözü söylemesi haramdır.' Yalnız bu, harama götüren şey de haramdır kuralına göre böyledir.

Nevevî ise şöyle der: 'Bu hadis dile sahip olmayı teşvik etmektedir. Konuşmak isteyen bir kimse, konuşmadan önce söyleyeceği sözü düşünmesi gerekir. Eğer söyleyeceği şey faydalı ise söyler; değilse susar."[122]

Hasan-ı Basrî (rh.a.) şöyle der:

"Müminin kalbi dilinin önündedir. Konuşmak istediğinde kalbiyle düşünür sonra da ona göre konuşur ya da susar. Münafığın ise dili kalbinin önündedir. Konuşacağı zaman kalbiyle hiç düşünmeden konuşur."

* * *

122 *Fethu'l-Bârî*'den kısaltarak. 11/310-311.

GÜNAH İŞLEMEYE YOL AÇAN ETKENLER VE TEDAVİLERİ

GİRİŞ

Şüphesiz günaha yol açan etkenleri bilmek, kalbi günahlara karşı tedavi etmeye ve onları terk etmeye yardımcı olur. Zira hastalığın tedavisi, ona yol açan etkenleri ortadan kaldırmakla olur. Ben de burada günaha yol açan etkenleri, tamamını değil de Allah'ın nasip ettiği kadarını açıklamaya çalışacağım. Allah'tan bana ve bu kitabı okuyanlara günahları terk etme konusunda yardımcı olmasını dilerim.

Şüphesiz bu konu, iyiliği emretme ve kötülüğü yasaklama görevine dahildir. Ve alimler bu görevi yapanın kusurlardan, günah ve isyan kirlerinden uzak olmasını da şart koşmamışlardır.

Allah'tan (c.c) bizleri günahlardan arındırmasını ve kendisine itaatkar kullardan eylemesini niyaz ederiz. Şüphesiz O her şeye gücü yetendir; itaate layıktır. Allah bize yeter; O ne güzel vekildir.

Günahlara yol açan bazı etkenler şunlardır:

1. İman zayıflığı ve takva yokluğu

2. Allah'ı tanımamak, emir ve yasaklarını bilmemek.

3. Allah'ın affına güvenip bağışlanma hayallerine dalmak

4. Şüphe ve arzuların çokluğu

5. Kötü arkadaşlar ve günahkar kimselerle içli dışlı olmak

Bu beş etkenin tedavisi ise şunlarla olur:

1. İmanı güçlendirmek, kalbi takva ve Allah korkusuyla diriltmek

2. Allah'ı tanımak, isim, sıfat, emir ve yasaklarını öğrenmek

3. Allah'ın affı konusunda ümitli olmakla boş hayallere dalmak arasındaki farkı öğrenmek

4. Hakkı delilleriyle öğrenmek, dini fitnelerden korumak, Kur'ân ve sünnete sarılmak.

5. Salih insanlarla bir arada olmak ve ilmiyle amel eden alimlerin hayat hikayelerini öğrenmek

GÜNAHLARA YOL AÇAN ETKENLER

1. İman zayıflığı ve takva yokluğu

Gerçek şu ki korkusuzca günah işlemenin sebebi Allah ve ahirete olan imanın zayıflığıdır. Çünkü kul isyana -farzı terk etmek ya da haram işlemek- yöneliyorsa ya Allah'ın sevmediği bir şeyi seviyor ya da O'nun sevdiği bir şeyden hoşlanmıyor demektir. İşte bu da iman zayıflığından kaynaklanmaktadır.

Çünkü sağlam iman sahibi bir kimse Allah'ın sevdiği şeyleri sever ve O'nun hoşlanmadığı şeylerden de nefret eder. Zira Allah (c.c) şöyle buyuruyor:

"Fakat Allah size imanı sevdirmiş ve onu gönüllerinize yerleştirmiştir. Küfrü, fıskı ve isyanı da size çirkin göstermiştir. İşte doğru yolda olanlar bunlardır. Bu, Allah'tan bir lütuf ve nimettir. Allah alîmdir, hakîmdir."[123]

Peygamber (s.a.v) de şöyle buyuruyor:

---

123 Hucurât, 7-8.

"Rab olarak Allah'tan, din olarak İslâm'dan ve peygamber olarak da Muhammed'den razı olan kimse imanın tadını almıştır."[124]

Rab olarak Allah'tan razı olmak O'nun kaza ve kaderine, emir ve yasağına razı olmak demektir. Böyle bir kul Allah'ın takdir ettiği her şeye rıza gösterir. Allah (c.c) şöyle buyuruyor:

"Allah'ın izni olmaksızın hiçbir musibet isabet etmez. Kim Allah'a inanırsa, Allah onun kalbini doğruya götürür. Allah her şeyi bilendir."[125]

Seleften bazıları şöyle demiştir: "Ayette bahsedilen kimse, başına bir musibet geldiğinde onun Allah'tan olduğunu bilen ve böylece ona rıza gösterip teslim olan kuldur."

Din olarak İslam'dan ve peygamber olarak da Hz. Muhammed'den (s.a.v) razı olmak ise, kulun yaptığı işlerde Allah'ın dininin hükmüne başvurması ve ona teslim olması demektir. Nitekim Allah (c.c) şöyle buyuruyor:

"Hayır, Rabbine andolsun ki aralarında çıkan anlaşmazlık hususunda seni hakem kılıp sonra da verdiğin hükmü, içlerinde hiçbir sıkıntı duymaksızın tam manasıyla kabullenmedikçe iman etmiş olmazlar."[126]

Kalpteki iman sağlamlaşınca kul artık Allah'ın sevdiklerini sever ve hoşlanmadıklarından da hoşlanmaz. Nitekim seleften bazıları şöyle der: "Ben Allah'a isyan etmekten hoşlanmam." Bazıları da şöyle demiştir: "Benim için en sevimli şey Allah için en sevimli olandır."

Peygamber'in (s.a.v) şu sözü de bunu göstermektedir:

"Zina eden kimse mümin olarak zina etmez. İçki içen kimse

124 Müslim, Îmân, 56; Ahmed, 1/208.

125 Teğâbun, 11.

126 Nisâ, 65.

mümin olarak içki içmez. Hırsızlık yapan mümin olarak hırsızlık yapmaz."[127]

İbn Hacer şöyle diyor:

"İbn Battâl der ki: 'Bu, içki içme hakkında gelen en ağır ifadedir. Hariciler de bu hadise dayanarak, haram olduğunu bilerek kasten büyük günah işleyen kimsenin kafir olacağını savunmuşlardır. Ehl-i sünnet ise burada sözü geçen imanla kastedilenin kamil iman olduğunu söylemişlerdir. Çünkü günah işleyen kimse işlemeyene oranla iman bakımından daha düşük konumdadır. Ayrıca burada, bu haramları işleyenlerin sonunda imanlarını yitirecekleri de kastedilmiş olabilir."[128]

Nevevî (rh.a.) de Müslim'e yaptığı şerhte bu hadisin bulunduğu baba şöyle bir başlık koymuştur: "İmanın günahlarla eksilmesi ve günah işleyen kimsenin o esnada kamil imandan yoksun olması" Nevevî daha sonra şöyle der:

"Bu hadis, alimlerin anlamında ihtilaf ettikleri hadislerden biridir. Araştırmacı alimlerin de belirttiği üzere doğru olan mana şu şekildedir: Bu günahları işleyenler işledikleri esnada kamil iman sahibi değillerdir. Zira bu hadisteki ifade, bir şeyin tamamen yok olduğunu söyleyip de aslında onun mükemmel ve istenilen şekilde olmadığını kastetme türünden bir ifadedir. Mesela bu anlamda şöyle denilir: Faydalı olandan başka ilim yoktur. Deveden başka mal yoktur. Ahiret hayatından başka hayat yoktur."[129]

Aynı şekilde içki içen bir sahabenin durumu da bu konuya bir örnektir. Zira o bir keresinde Peygamber'in (s.a.v) huzuruna getirilmiş; Peygamber de (s.a.v) ona had cezası uygulatmıştı. Sahabeden biri, 'Allah ona lanet etsin. Ne kadar çok (içip Peygamber'in huzuruna) getiriliyor?' deyince Peygamber (s.a.v) şöyle buyurdu: "Ona lanet etme! Zira o Allah'ı ve Resûlünü seviyor."[130]

127 Buhârî, Eşribe, 10/30; Müslim, Îmân, Ebû Hureyre'den, 2/41, 42.

128 *Fethu'l-Bârî*, 10/34.

129 *Şerhu'n-Nevevî alâ Sahîhi Müslim*'den kısaltarak. 2/41.

130 Buhârî, Hudûd, 14/75.

Peygamber (s.a.v) bu haramı işlediği halde onun Allah'ı ve Resûlünü sevdiğini söyledi. Bu da günahların imanı temelden yok etmediğini, ancak onun kamil olmasını engellediğini göstermektedir. Nitekim birçokları sağlıklı olmayı çok ister; ama ona zarar verecek şeyler yerler.

Netice olarak kul, isyan anında iman zayıflığı ve takvanın yokluğundan dolayı o günahı işler. O anda gözü ne Allah'ı, ne itaatkarlara verilen mükafatı ne de isyankarlara verilen cezayı görür. Onun gördüğü tek şey şeytanın yaldızlayıp süslediği günahın lezzetidir. Onun durumu aynı, tuzaktaki yemi görüp de sonunu getirecek olan tuzağı göremeyen bir serçe gibidir. Allah'tan bizi hatalardan korumasını ve razı olacağı amelleri yapmayı bize nasip etmesini dileriz.

2. Allah'ı tanımamak, emir ve yasaklarını bilmemek

Hiç kuşkusuz cahillik günahkarların en belirgin özelliğidir. Çünkü onlar şayet Rablerini gerçek anlamda tanısalardı, O'nu severlerdi, yüceltirler ve emrine itaat ederlerdi. Yine O'nun itaat edilmeye ama asla isyan edilmemeye layık olduğunu anlarlardı.

Yine şayet İslam dinini ve Allah'ın insanlar için koyduğu kanunları öğrenselerdi, arzularının karşılığının, saadetlerinin ve onurlarının orada olduğunu anlarlardı. Allah'ın mükafatını ve cezasını bilselerdi, mükafatın elde etmeye çabalar cezasından da korkarlardı.

İşte bu sebeplerden dolayı Allah (c.c) bir çok ayette kendisine isyan edenleri cahillikle nitelemiştir. Bu ayetlerden birinde Allah (c.c) Yûsuf'un (a.s.) diliyle şöyle buyuruyor:

"Eğer onların hilelerini benden çevirmezsen, onlara meyleder ve cahillerden olurum! dedi."[131] Yani haram kıldığın şeyleri işleyenlerden olurum demektir. Bir başka ayet ise şöyledir:

---

131 Yûsuf, 33.

"İsrailoğullarını denizden geçirdik, orada kendilerine mahsus birtakım putlara tapan bir kavme rastladılar. Bunun üzerine: Ey Musa! Onların tanrıları olduğu gibi, sen de bizim için bir tanrı yap! dediler. Musa: Gerçekten siz cahil bir toplumsunuz, dedi."[132]

İbn Kesîr bu ayetin tefsirinde şöyle der: "Yani sizler, Allah'ın büyüklüğü, yüceliği ve O'na ortak koşulmaması gerektiği konusunda cahil olan bir toplumsunuz." Bir diğer ayette Allah (c.c) şöyle buyuruyor:

"Lût'u da (peygamber olarak kavmine gönderdik.) Kavmine şöyle demişti: Göz göre göre hâla o hayâsızlığı yapacak mısınız? (Bu ilâhî ikazdan sonra hâla) siz, ille de kadınları bırakıp şehvetle erkeklere yaklaşacak mısınız? Doğrusu siz, cahillikte ısrar eden bir kavimsiniz!"[133]

Kurtubî bu ayetin tefsirinde şöyle der: "Siz cahil bir kavimsiniz, yani ya bu yaptığınızın haram olduğunu ya da bunun akıbetinin nasıl olacağını bilmiyorsunuz, demektir." Yine Allah (c.c) şöyle buyuruyor:

"Onlar, boş söz işittikleri zaman ondan yüz çevirirler ve: Bizim işlerimiz bize, sizin işleriniz size. Size selam olsun. Bizim cahillerle işimiz olmaz, derler."[134]

İbn Kesîr şöyle der: "Yani biz cahillerin yolunu ne isteriz ne de severiz, demektir." Bir başka ayette de Allah (c.c) şöyle buyuruyor:

"Yusuf dedi ki: Siz, cahilliğiniz yüzünden Yusuf ve kardeşine yaptıklarınızı biliyor musunuz?"[135]

İbn Kesîr bu ayetin tefsirinde şöyle der:

"Yani, sizi bu yaptığınız işe iten onun ne kadar günah ol-

132 A'râf, 138.

133 Neml, 54-55.

134 Kasas, 55.

135 Yûsuf, 89.

duğunu bilmemenizdir. Nitekim seleften bazıları, 'Allah'a isyan eden herkes cahildir.' demiş ve şu ayeti okumuştur:

"Sonra şüphesiz Rabbin, cahillik sebebiyle kötülük yapan, sonra da bunun ardından tevbe edip durumunu düzeltenleri (bağışlayacaktır). Çünkü onlar tevbe ettikten sonra Rabbin elbet çok bağışlayan, pek esirgeyendir."[136]

Yine bir başka ayette Allah (c.c) şöyle buyuruyor:

"De ki: Ey cahiller! Bana Allah'tan başkasına kulluk etmemi mi emrediyorsunuz?"[137]

Bu ayetin iniş sebebi hakkında müfessirler şöyle derler: Müşrikler cahilliklerinden dolayı Peygamber'i (s.a.v) kendi ilahlarına ibadet etmeye çağırdılar ve kendilerinin de Peygamber'le (s.a.v) birlikte Allah'a ibadet edeceklerini söylediler. Bunun üzerine de bu ayet nazil oldu.

Bir hadislerinde de Peygamber (s.a.v) cahilliğin bir hastalık olduğunu belirtmiş ve şöyle demiştir: "Cehaletin şifası sormaktır."[138]

Bu konuda İbnü'l-Kayyım şöyle der: "Peygamber (s.a.v) cahilliğin hastalık olduğunu söylemiş ve onun ilacının da alimlere sormak olduğunu bildirmiştir."

Bir başka hadiste Peygamber (s.a.v) ahir zamanda ilmin kaldırılacağını, cahilliğin yayılacağını ve günahların da çoğalacağını hep bir arada zikretmiştir:

"İlmin kaldırılması, cahilliğin yerleşmesi, içki içilmesi ve zinanın çoğalması kıyamet alametlerindendir."[139]

---

136 Nahl, 119.

137 Zümer, 64.

138 Ebû Dâvûd, Tahâre, 332; İbn Mâce, Tahâre, 464; Ahmed, 1/380. Elbânî de bu hadis için hasen demiştir.

139 Buhârî, İlim, 1/178; Müslim, İlim, 16/221; Tirmizî, Fiten, 9/56; İbn Mâce, Fiten, 3278.

SALİHLERE AİT CAHİLLİĞİ VE CAHİLLERİ YEREN BAZI SÖZLER:

Ali (r.a) şöyle diyor:

"İlim şeref olarak yeter. Zira ilim sahibi olmayan bile bilgili olduğunu iddia eder ve kendisine 'ilim sahibi' denilince sevinir. Cahillik de ayıp olarak yeter. Zira cahil bir kimse bile cahilliği kabul etmez."[140]

Ebû Ömer b. Abdilberr (rh.a.) de şöyle der:

"Cahil kimse yaşı ilerlemiş olsa da küçüktür; alim ise yaşı küçük olsa da büyüktür. Bu konuda bir örnek şu şiirdir:

"İlim öğren; zira kimse alim olarak doğmaz.
Hem ilim sahibi cahil gibi olmaz.
Bir toplumun büyüğü, ilmi olmayınca
Küçük kalır; insanlar arasına karışınca"

Bu konuda bir örnek de İbn Abbâs'tır (r.a). Zira o küçük yaşta fetva verirdi. Yine sahabeden Muâz b. Cebel ve Attâb b. Useyd de yaşları küçük olmasına rağmen insanlara fetva verirlerdi. Ayrıca Peygamber (s.a.v) onları yaşlarının küçüklüğüne rağmen vilayetlere vali olarak atamıştır. Alimler arasında da bunlar gibileri çoktur."[141]

İbnü'l-Kayyım da şöyle der:

"Hiç ilmi olmayan insanlar hor ve hakirdirler. Onlar diğer insanlara göre çok daha fazla azarlanırlar. Zira bu bilgili bilgisiz herkes tarafından bilinen bir durumdur. Zira A'meş de şöyle der:

---

140 *Tezkiratu's-Sâmi' ve'l-Mütekellim*, s.10.

141 *Câmiu Beyâni'l-İlm*, s.212.

'Ben hiç hadis rivayet etmeyen yaşı ilerlemiş birini görürüm de onu tokatlayasım gelir."

el-Müzenî de şöyle der:

"Şâfiî yaşı ilerlemiş birini görünce ona hadis ve fıkha dair sorular sorardı. Eğer o bir şeyler biliyorsa söylerdi. Yoksa ona şöyle derdi: 'Allah sana kendinden ve İslam'dan yana bir hayır mükafat vermesin! Zira sen hem kendini zayi etmişsin hem de İslâm'ı!"[142]

Bütün bu anlatılanlar ışığında ortaya çıkıyor ki cahillik günahkarların en bariz özelliğidir. Ayrıca günah işlemeye tahrik ve teşvik eden de odur. Zira İbnü'l-Kayyım *eş-Şâfiyetü'l-Kâfiye*'de şöyle der:

"Cehalet öldürücü bir hastalıktır.
Onun şifası ise iki şeyde:
Kur'ân'da ve sünnettedir.
Doktoru ise hakiki bir alimdir."

Allah'tan (c.c) bizleri faydalı ilimle ve kabul edilecek salih amellerle rızıklandırmasını niyaz ederiz.

3. Allah'ın affına güvenip bağışlanma hayallerine dalmak

Günahlara yol açan sebeplerden üçüncüsü de Allah'ın affına güvenip boş ümit ve hayallere dalmaktır. Bu konuda Allah (c.c) şöyle buyuruyor:

"Evet ama, siz kendi başınızı belaya soktunuz; fırsat beklediniz; şüpheye düştünüz ve boş hayaller sizi aldattı. O çok aldatan (şeytan) sizi, Allah hakkında aldattı."[143]

142 *Miftâhu Dâri's-Seâde*'den kısaltarak. s.166.

143 Hadîd, 14.

İnsanlardan birçoğu büyük günahları işliyor, ibadetlerden uzak duruyor, sonra da kalkıp hesapsız kitapsız bir şekilde ya da cehennemde biraz yandıktan sonra cennete gideceklerini hayal ediyorlar.

Şeytan, şer konusunda sahip olduğu derin bilgisi sayesinde bazılarını bir takım ibadetlerle kandırıp, onları doğru yolda olduklarına ve iyi şeyler yaptıklarına ikna eder. Mesela, bu gibi kimselerden bazıları üç beş kuruş sadaka verir; ama farz olan zekatı vermezler.

Ya da birçok haram işleyen birisi zanneder ki, malından bir kısmını sadaka olarak verdi mi, onunla malını temizler. Halbuki bilmez ki Allah (c.c) pis olan malı kabul etmez. Çünkü Allah tertemizdir ve ancak temiz olanı kabul eder.

İbnü'l-Kayyım şöyle diyor:

"Şüphesiz, kul isyan ve gafletin hem dünyada hem de ahirette kendine zarar getirecek sebeplerden biri olduğunu bilir. Ancak nefsi, bazen Allah'ın af ve mağfiretine güvenmekle, bazen dille istiğfar edip tevbeyi geciktirmekle, bazen mendup ameller yapmakla, bazen kaderi bazen de kendisi gibi olanları bahane etmekle ve bazen de büyükleri örnek almakla onu kandırır.

Birçok insan da yapacağını yaptıktan sonra bir "estağfirullah" demekle günahın silineceğini ve dille tevbe etmenin yeterli olacağını zanneder. Nitekim bu kafada olan bazıları şöyle der:

"Gücün yettiği kadar çok günah işle,
Zira gidiş kerîm olan Allah'adır."

Bazıları da şöyle der: 'Günahlardan kaçınmak Allah'ın affının genişliğini bilmemektir.' Bir başkası da şöyle der: 'Günahları terk etmek Allah'ın bağışlamasına karşı bir küstahlık ve onu hafife almaktır.'

Muhammed b. Hazm da 'Bu gibilerden birinin, 'Ey Allah'ım! Günahsız olmaktan sana sığınırım.' diye dua ettiğini işittim.' diyor.

Bu tür kendini kandıranlardan bazıları cebr meselesine yani kulun herhangi bir tercih hakkının ya da özgür bir fiilinin olmadığı inancına dayanır. Aklınca o, günahları yapmaya zorlanmıştır. Bunların bir kısmı da ircaya yani imanın sadece kalple tasdikten ibaret olduğuna, amellerin imana dahil olmadığına ve insanların en günahkarının imanının Cebrâîl ve Mîkâîl'in imanına denk olduğu inancına aldanır."[144]

Yine İbnü'l-Kayyım (rh.a.) *el-Fevâid* adlı eserinde özetle şöyle diyor:

"Ey boş hayallerle aldanmış kimse! Şunu bilesin ki, Allah iblisi ona emrettiği tek bir secdeyi yapmadığı için lanetledi ve yüce bir makamdan kovdu. Âdem'i (a.s.) yediği bir lokma sebebiyle cennetten çıkardı.

Allah (c.c) bir iftira sözü ya da bir damla içki sebebiyle sırta kırbaç vurulmasını ve üç dirhemlik bir mal çalanın bir elinin bedeninden ayrılmasını emretmiştir. Dolayısıyla Allah'ın seni, O'na karşı yaptığın isyanlardan biri dolayısıyla ateşe atmayacağından sakın emin olma! Zira, *"Allah (bu şekilde azap etmenin) akıbetinden korkacak değil ya!"*[145]

Kadının biri bir kedi sebebiyle ateşe girdi.[146] İnsan hiç önem vermeksizin bir söz söyler de o söz sebebiyle doğu ile batı arasından daha fazla bir mesafe kadar cehennemde yuvarlanır.[147] Yine insan altmış senesini Allah'a itaatle geçirir; ama ölüm anında vasiyet ederken haksızlık yapar da bu kötülüğü sebebiyle imansız gider ve cehenneme girer.

---

144 *el-Cevâbu'l-Kâfî*'den kısaltarak. s.18-19.

145 Şems, 15.

146 Bu hadis daha önce geçmişti. Bk. s.147

147 Bu hadis daha önce geçmişti. Bk. s.149

Zira ömürler ve ameller sonlarına bağlıdır. Selam vermeden önce abdesti bozulan kimsenin kıldığı namazı geçersizdir. Yine güneş batmadan önce orucunu açan kimsenin de orucu boşa gider. Kim de ömrünün sonunda bir kötülük yaparsa Allah'ın huzuruna o yüzle çıkar.

Keşke bulduğun bir lokmayı ahirete gönderseydin; ama açgözlülük sana engel oluyordu. Nice sevaplar koşarak gelip kapında dikilmişti; ama senin "sonra yaparım, belki, umarım ki" kapıcıların onları geri çevirmişti.

Eksik bir imana, fazla boş ümitlere, doktoru ve ziyaretçisi olmayan bir hastalığa, uyanık bir nefis ve uykucu bir akla sahip bir kimse nasıl kurtuluşa erecektir? Azgınlık ve sarhoşluk içinde bocalayan, cehalet dalgalarına gömülmüş, Rabbinden uzak, insanlara yakın biri nasıl kurtulacaktır? İnsanları anmak kendisine neşe ve kuvvet veren, Allah'ı anmaksa hapis ve ölüm gibi gelen, görünüşte Allah'a ait olan, ama kalbi ve düşüncesi başkasının olan biri nasıl iflah olur?"[148]

4. Şüphe ve şehvetlerin çokluğu

Şu bir gerçek ki, fitne, şüphe ve şehvetlerin çok oluşuyla günahların çokluğu arasında ikili bir bağ vardır. Her ne kadar görünen köy kılavuz istemese de biz, sözün bereketini artırmak amacıyla Peygamber'in (s.a.v) hadislerinden bu konuya örnekler sunacağız. Bu örneklerden bir kısmı Peygamber'in (s.a.v) ahir zamanda gerçekleşecek olan fitnelerle alakalı sözleridir:

Ebû Hureyre (r.a) Peygamber'in (s.a.v) şöyle buyurduğunu rivayet etmiştir:

"(Ahir zamanın alametlerinden bazıları şunlardır:) Zaman kısalır, ilim ve amel azalır, aşırı cimrilik yayılır, fitneler baş gösterir ve kargaşa çoğalır.' Sahabe, 'Kargaşa nedir, ey Allah'ın

148 *el-Fevâid*, s.83-84.

resûlü?' deyince Peygamber (s.a.v) şöyle buyurdu: 'Cinayettir, cinayet..."[149]

Bu alametlerden biri de mümin bir kimsenin, ahir zamanda şüphe ve şehvetlere düşüp o halde iken ölme korkusundan dolayı ölümü temenni etmesidir. Zira Ebû Hureyre (r.a) Peygamber'in (s.a.v) şöyle buyurduğunu rivayet etmiştir:

"Kişi, bir kabrin başına varıp da 'Keşke onun yerinde ben olsaydım!' demedikçe kıyamet kopmaz."[150]

İbn Battâl şöyle der:

"Bu adam, fitnelerin çoğaldığı bir zamanda kabirdekilere gıpta edip ölmeyi arzu eden birisidir. Bunun sebebi ise batılın ve batıl ehlinin baskısıyla dinini kaybetmekten korkması, günah ve kötülüklerin çoğalmasıdır."[151]

Şüpheler, itikadın şüphe, bidat ve yanlış inançlarla bozulmasıdır. Şehvetler ise, Allah'ın dinine aykırı olan konularda nefsin isteklerine uymaktır. Nitekim şeyhülislam İbn Teymiyye şöyle der:

"Dinin bozulması ya yanlış bir inanca sahip olup onu söylemekle olur ya da doğru inancın aksine bir iş yapmakla olur. Birincisi bidat gibi işler, ikincisi ise günah gibi fiillerdir. İlki şüphelerle alakalıdır, ikincisi ise şehvetlerle.

İşte bu sebepledir ki selef şöyle derdi: 'İki sınıf insandan uzak durun: nefsi arzularının aklını başından aldığı kimse ile sahip olduğu dünyalığın gözünü kör ettiği kimse."[152]

İbnü'l-Kayyım da şöyle der:

---

149 Buhârî, Fiten, 13/13.

150 Buhârî, Fiten, 13/74, 75.

151 *Fethu'l-Bârî*, 13/75.

152 *İktidâu's-Sırâti'l-Müstakîm Muhâlefetu Ashâbi'l-Cahîm*'den kısaltarak. (thk. Dr. Nâsır b. Abdulkerim el-Akl) 1/102-103.

"Her fitnenin temelinde şahsi görüşü dinin, nefsi arzuları da aklın önüne geçirmek yatar. İlki şüphe fitnesinin temeli, ikincisi de şehvet fitnesinin temelidir."[153]

Şüphesiz İslam ümmeti bugün yahudi, hıristiyan ve siyonist planların hedefindedir. Onlar, müslümanların itikatlarını bozmak, müslüman neslin içinde dindışı ve varoluşçu fikirleri yaymak ve onların ahlaklarını bozmak istiyorlar. Bunu da çıplaklığı, ahlaksızlığı, açık saçıklığı ve kadın erkek birlikteliğini yaymak suretiyle gerçekleştirmeye çalışıyorlar.

Bu konuda, batıyı överek göklere çıkaran casus hükümetler ile İslam düşmanlarının insanların inançlarını bozma, edepsizlik ve fuhşiyatı yayma planlarını uygulamaya koyan medya sahipleri de onlara yardım ediyor. Ama Allah (c.c) şöyle buyuruyor:

"İnananlar arasında çirkin şeylerin yayılmasını arzulayan kimseler için dünyada da ahirette de çetin bir ceza vardır. Allah bilir, siz bilmezsiniz."[154]

Fuhşiyatın müslüman ülkelerde yayılmasını arzulayanların cezası bu olursa, bu konuda elebaşılık yapan, şeytana ve İslam düşmanlarına uyarak gece gündüz çalışanların durumu ne olur acaba? *"Allah onları arkalarından kuşatmıştır."*[155]

Üstat Abdullah Nâsıh Ulvân şöyle diyor:

"Çok iyi bilmeniz gereken meselelerden biri de şudur: Siyonist, mason, haçlı ve komünist çevrelerce yapılan planların tamamı içki, cinsellik, arzu ve şehvetleri özgür bırakma, görünüş peşinde koşma ve kör taklit gibi yollardan müslüman toplumları yıkmayı hedeflemektedir.

Bunların özgürlük çağrısı ve üçkağıtçılıklarındaki ilk hedefleri kadındır. Zira zayıf ve duygusal olan kadın, propaganda ve

---

153 *İğâsetu'l-Lehfân*, 2/167.

154 Nûr, 19.

155 Burûc, 20.

fitnelerin peşinde hiç düşünmeden sürüklenecek bir unsurdur. Ayrıca kadın, ahlakı bozma konusunda aktif ve direkt bir etkiye sahiptir.

Sömürgeci liderlerden biri şöyle diyor: 'Bir kadeh içki ve bir şarkıcı kadın, Muhammed ümmetini parçalama konusunda bin toptan çok daha etkilidir. Dolayısıyla da onları dünya sevgisi ve şehvetlere boğun."[156]

Ulvân daha sonra şöyle devam ediyor:

"Bu düşman güçlerin ve yıkıcı projelerin arkasında yahudiler vardır. Onlar, metafizik ve ahlak alanında ve yahudilik hariç diğer dini değerlerin yıkılması konusunda ortaya atılan her türden yanlış görüşleri savunma konusunda kendi kendilerine yemin etmişlerdir. Ayrıca onlar kimi zaman dini inançları yıkmaya kimi zaman da üstün ahlaki değerleri yok etmeye çağıran iğrenç, hilekar ve şeytan kılıklı şahsiyetleri desteklemişlerdir. Zira amaçları insanların inançlarını, vicdan ve akıllarını köreltmektir.

Onlar, yahudi olan Freud'un görüşlerini benimsediklerini açıklamışlardır. Ki bu şahıs insanların hayatta sergiledikleri davranışları cinsel dürtülerle açıklayan birisidir.

Yine onlar, birçok insanın kalp, vicdan ve akıllarını körelten, dinleri reddeden ve Allah inancına karşı çıkan yahudi Karl Marks'ın görüşlerine de sahip çıkmışlardır. Nitekim bu şahsa, 'Allah inancının yerine koyacağımız alternatif şey nedir?' diye sorulunca şöyle karşılık vermiş: 'Onun alternatifi tiyatrodur. İnsanları Allah inancına karşı tiyatro ile meşgul edin.' Karl Marks'ın din ve ahlakla savaşmaya karşı yaptığı açık propagandalarda tiyatronun çok önemli bir yeri vardır.

Yine onlar, ahlaka karşı çıkan ve insanın hoşuna giden her şeyi -cinayet, ölüm ve tahrip bile olsa- yapması gerektiğini savunan Nitche'nin görüşlerini de benimsemişlerdir. Hatta onlar

156 *Hattâ Yaleme'ş-Şebâb*'dan kısaltarak. s.136.

Darvin'in ortaya attığı ve bilimin çürütüp çöp kutusuna gönderdiği evrim teorisine de sahip çıkmışlardır."[157]

İşleri iyice çıkmaza sokan bir mesele de müslümanların içinden, bu ümmetin ilk neslinin sahip olduğu İslâmî inançtan yoksun nesillerin çıkmasıdır. Öyle nesiller ki, şirk hastalığı ve putperestlik onların gücünü bitirip tüketmiş onlar da bir takım şüphe ve hurafelere sarılmışlar. İslam sayesinde sahip oldukları izzeti yitirmiş ve kafir batının peşinde nefes nefese koşmaya başlamışlar. Batıdan her türlü rezaleti alır ve aynı onlar gibi haya ve fazileti yerle bir eder hale gelmişler.

Böylece Peygamber'in (s.a.v) şu sözü de bir mucize olarak gerçekleşmiş oldu:

"Sizden öncekilerin yollarına karış karış, adım adım uyacaksınız. Hatta onlar bir kertenkele deliğine girseler siz de onlara uyup gireceksiniz." Sahabe: 'Ey Allah'ın Resûlü! yahudi ve hıristiyanları mı kastediyorsun?' deyince, Peygamber (s.a.v), 'Başka kim olabilir?' buyurdu."[158]

Abdullah b. Zeyd Âl-i Mahmud şöyle diyor:

"Müslüman Arapların başkalarını taklit etmeleri aynı küçük bir çocuğun günahkar ve ahmak bir adamı taklit etmesine benzer. Bu çocuk zanneder ki, bu adamın yaptığı her şey kendisi için de faydalıdır. Dolayısıyla da adamı sigara ya da içki içerken görünce o da içer.

Menfaatlerinden habersiz, dini ve anlayışı zayıf olan ümmetin durumu da aynı bu çocuk gibidir. Hıristiyanların yaptığı her şeyin kendisi için de yararlı olduğunu zanneder ve körü körüne onları taklit eder. Çünkü bu yaptığının yenilik ve medeniyetin ta kendisi olduğuna inanır."[159]

---

157 Hattâ Yaleme'ş-Şebâb'dan kısaltarak. Dâru's-Selâm, s.137-138.

158 Buhârî, el-İ'tisâm bi'l-Kitâbi ve's-Sünne, 13/300.

159 *el-İhtilât vemâ Yencumu anhu min Mesâvii'l-Ahlâk*, Dâru'l-Erkam, s.7. Bu kitap, alanında yazılmış çok faydalı bir çalışmadır.

Allah daha iyi bilir; ama görünen şu ki, müslüman halkların başındaki laik hükümetler dine yönelişe ve İslami uyanışa, sınırsız özgürlük ve ahlaksızlık akımıyla karşı koymaya çalışıyor ve müslüman gençliğin bu akıma kapılmasını istiyor. Ki böylece, nasihat edenlerin nasihati öğüt verenlerin öğüdü onlara bir fayda sağlamasın ve onlar cehennemliklerden olmayı hak etsinler.

Özet olarak, fitne, şüphe ve şehvetlerin çokluğu insanı günaha düşüren sebeplerdendir. Tabi tek hastalık bu değildir; zira insanlar aynı şu ayette anlatılan duruma gelmişlerdir:

"Birbiri üstüne karanlıklar... İnsan, elini çıkarıp uzatsa, nerdeyse onu dahi göremez. Bir kimseye Allah nur vermemişse, artık o kimsenin aydınlıktan nasibi yoktur."[160]

İman zayıflığı, cahillik, şeytanın hileleri, şüphe ve şehvetlerin çokluğu ve günahkarlarla yatıp kalkmak, bunların hepsi az ya da çok günahlara yol açan nedenlerdendir. Allah bizleri affetsin ve müslümanlara en güzel şekliyle dinlerine dönmeyi nasip etsin.

5. Kötü arkadaşlar ve günahkar kimselerle içli dışlı olmak

Seleften bazıları şöyle demiştir:

"Kalp için en faydalı şey salih kimselerle bir arada olmak ve onların yaptıkları amellere bakmaktır. Kalp için en zararlı şey ise fasıklarla bir arada olmak ve onların yaptıkları amellere bakmaktır."

Bazıları da şöyle demiştir: "İnsanlarla fazla samimi olmak, felaket alametlerindendir." Yine onlardan bir kısmı da şöyle demiştir: "Halktan uzak durmak, tam bir fazilettir."

Fuhşiyatın yayıldığı, haramların işlendiği, haya ve kıskançlığın öldüğü, insanların Allah'tan başkasına kulluk ettiği ve İs-

160 Nûr, 40.

lam'dan başka bir dinin yaşandığı toplumlarda insanlardan uzak durmak çok mühim bir meseledir. Zira Allah (c.c) Hz. İbrahim'den bahsederken onun şöyle dediğini bildiriyor:

"Sizden de, Allah'ın dışında taptığınız şeylerden de uzaklaşıyor ve Rabbime yalvarıyorum. Umulur ki (senin için) Rabbime dua etmemle bedbaht (emeği boşa gitmiş) olmam."[161]

Hattâbî şöyle der:

"Allah'ın dostu İbrahim (a.s.) insanlardan uzaklaşıp uzlete çekildi ve kavmi kendisine zulüm ettiğinde de onlara uzlet sayesinde galip geldi. Kavminin ona yenilmesi ise putlara tapmaları ve hakkı reddetmeleri sebebiyledir. Zira Allah onlara karşı İbrahim'e (a.s.) yardım etti, onların şerrinden onu korudu ve ona bol mükafat verdi. Ona yaptığı yardıma ek olarak temiz bir zürriyet de ihsan etti. Nitekim yüce Allah şöyle buyuruyor:

"Nihayet İbrahim onlardan ve Allah'tan başka taptıkları şeylerden uzaklaşıp bir tarafa çekildiği zaman biz ona İshak ve Yâ'kub'u bağışladık ve her birini peygamber yaptık."[162]

Yine Allah (c.c) Ahâb-ı Kehf'in kıssasını anlatırken şöyle buyuruyor:

"(İçlerinden biri şöyle demişti:) "Madem ki siz onlardan ve onların Allah'ın dışında tapmakta oldukları varlıklardan uzaklaştınız, o halde mağaraya sığının ki, Rabbiniz size rahmetini yaysın ve işinizde sizin için fayda ve kolaylık sağlasın."[163]

Ashâb-ı Kehf, hak yoldan çıkmış insanların arasında kalmaktan hoşlanmadılar. Bu sebeple de küfür fitnesinden ve putlara tapmaktan kaçtılar. Allah da (c.c) onları insanların zarar ve şerlerinden korudu ve onları salih kimselerin arasına kattı."[164]

---

161 Meryem, 48.

162 Meryem, 49.

163 Kehf, 16.

164 *el-Uzle*'den kısaltarak. (thk. Âdil Abdulmevcûd) Mektebetu'z-Zehrâ, s.16.

Bu ve benzeri ayetler Avrupa gibi batılı ülkelerde kafirlerin arasında yaşayan kimselere hitap etmektedir. Onlarla birlikte olanlar, onların başına gelecek olan azabın kendi başlarına da gelmeyeceğinden emin olmasın!

Ayrıca küfür ve günah ehli ile ahlaksız kimselerle bir arada bulunmak kalpten haramların heybetini çıkarır ve o kimseler de korkusuzca günah ve isyanlara dalarlar. Bu yaygın bir musibettir; ancak yavaş yavaş gerçekleştiği için kafirlerle bir arada olanlar onun farkına varamazlar. Böylece bu gibi kimselerin dünya ve ahiretleri perişan, kendileri de helak olur. Allah'tan bize ve bu belaya tutulmuş olan kardeşlerimize selamet vermesini dileriz.

Müslüman kimselerle bir arada bulunmaya gelince, bu konuda faydalı olan ölçü itaat ve ibadetlerde onlarla birlikte olmak, günah işlendiğinde ve ihtiyaç haricindeki durumlarda onlardan ayrılmaktır. Bir müslümanın cuma ve cemaatı, ilim derslerini, hasta ziyaretini ve cenazeleri terk etmesi caiz değildir. Ancak insanlar haram konuşmalara, oyun ve eğlenceye dalınca ve vakti ibadet haricindeki boş işlerle harcayınca onlardan uzaklaşır.

Hicrî 388 yılında vefat etmiş olan Ebû Süleymân el-Hattâbî şöyle diyor:

"Bu zamanda insanlarla bir arada oturup kalkan bir kimsenin gıybetten uzak kalması çok nadirdir. Çünkü bugün insanların işi gücü birbirlerinin gıybet ve dedikodusunu yapmak, birilerinin onurunu çiğneyerek eğlenip hoş vakit geçirmektir. Dolayısıyla da onlarla oturup kalkan birisi de ya bu günah ve şahsiyetsizlikte onlara yardım edip ortak olacaktır, ya da onlara kızıp ayrılacaktır. Zira onlarla oturup kalkmak bulaşıcı ve zararlı bir hastalıktır.

İnsanlardan uzak durmada hiçbir fayda olmasa bile şu özellik insanı uzlete teşvik etmeye yeter: Uzlette olan birisi riya ve gösterişten, insanlarla birlikte olmanın getirdiği yağcılık, iki yüzlülük ve onların rızasını kazanmak için hile yapmak gibi davranışlardan kurtulur."[165]

---

165 *el-Uzle*, s.40.

Gazzâlî (rh.a.) **uzletin fayda ve zararlarını** saymıştır. Bunları özetle buraya alıyoruz:

Birinci fayda: Uzlette olan bir insan ibadet ve tefekkür etme, halktan uzaklaşıp Allah'a (c.c) yalvarma fırsatı bulur.

İkinci fayda: Uzlet sayesinde kişi, insanlarla bir arada bulunduğunda çoğu zaman yakasını kurtaramadığı bazı günahları işlemekten kurtulmuş olur. Zira yalnız başına iken bu günahlardan uzak olur. Bu günahlar dört tanedir: gıybet, insanlar arasında laf taşımak, riya, iyiliği emretme kötülüğe engel olma görevini yerine getirmemek. Ayrıca insan uzlette iken, kötü ah-laka ve dünyaya düşkünlüğün yol açtığı çirkef işlere bulaşmaktan da uzak kalmış olur.

Üçüncü fayda: İnsan uzlet sayesinde fitne ve düşmanlıklardan uzak kalır; dinini ve canını onlara bulaşıp tehlikelerine maruz kalmaktan korur. Zira ülkeler taassup, fitne ve düşmanlıklardan nadiren uzak kalırlar. Ama insanlardan uzak duran kimse bu konularda güven içinde olur.

Dördüncü fayda: Uzlette olan biri insanların kötülüklerinden kurtulur. Çünkü insanlar bazen gıybet etmekle, bazen suizanla, bazen itham etmekle, bazen de yerine getirilmesi güç olan yalan vaat ve tekliflerle onu incitebilirler.

Beşinci fayda: Uzletteyken insanlar senden, sen de insanlardan ümit kesersin.

Altıncı fayda: Uzlete çekilen biri hem ahmak ve kaba saba insanlarla karşılaşmaktan hem de bu gibilerin ahmaklığına ve davranışlarına katlanmaktan kurtulur."[166]

Daha sonra Ğazzâlî insanlarla bir arada yaşamanın faydalarını ve onu gerektiren durumları sayar.

Bunlar özetle şöyledir:

---

166 *İhyâu Ulûmi'd-Dîn*'den özetle. Matbaatu'ş-Şa'b, s.1047-1063.

İlim öğrenmek ve öğretmek, insanlardan yararlanmak ve onlara faydalı olmak, birilerini terbiye etmek ve birilerinden terbiye almak, insanlarla ilişki ve dostluk kurmak, üzerine düşen görevleri yerine getirmek suretiyle sevap kazanmak ve başkalarına da sevap kazandırmak, alçak gönüllülüğe alışmak, gördüklerinden tecrübe kazanmak ve ibret almak.

Özetlemek gerekirse insanlarla bir arada olma ya da onlardan uzak kalma meselesi şartlara ve şahıslara bağlı olarak değişir. Mesela alim bir kimseye caiz olan bir başkasına caiz olmayabilir. İnsanları etkileyen ama onlardan etkilenmeyen biri için de en uygunu insanlarla bir arada yaşamak olabilir. Yine kalp hayatı için en uygunu da insanlardan uzak kalmak olabilir. Zira onlarla bir arada olmak kalbi köreltir ve o kimse onlara din hakkında bir fayda sağlayamaz.

Yine müslümanlar arasında fitne ve savaşların olduğu zamanlarla, ümmetin birlik ve beraberlik içinde olduğu, iyilik ve takva konusunda yardımlaştığı zamanlar bir olmaz. Bu sebeple bu konudaki faydalı kural az önce de bahsettiğimiz gibi, itaat ve ibadetlerde onlarla bir olmak, günah işlerde ve ihtiyaç dışında onlardan uzak kalmaktır.

İnsanlarla bir arada yaşama konusunda daha fazla bilgi için, *el-Bahru'r-Râik fi'z-Zühdi ve'r-Rikâk* adlı eserimize bakabilirsin. Hayırlara muvaffak kılan ve en yüksek derecelere ulaştıran Allah'tır. Büyük lütfundan ve geniş hayrından bizlere de vermesini dileriz.

ÇOK GÜNAH İŞLEMENİN TEDAVİSİ

1. İmanı güçlendirmek, kalbi takva ve Allah korkusuyla diriltmek

Daha önce çok günah işlemenin sebeplerinden birinin iman zayıflığı olduğunu söylemiştik. Selef-i salih (r.a) öyle itaat ve ibadet ederlerdi ki, birisi onlara "Kıyamet yarın kopacak!" deseydi, daha fazla ibadet etme imkanı bulamazlardı. Çünkü onların imanları, takvaları ve Allah korkuları güçlü olduğundan vakitlerini ve ömürlerini Allah'a itaatte harcıyorlar ve onları hiç boş geçirmiyorlardı.

Onlar cezanın kesin olduğunu bildiklerinden dolayı en küçük günahlardan bile sakınırlardı. Nitekim Enes (r.a) şöyle diyor:

"Sizler gözünüzde kıldan daha ince gördüğünüz öyle ameller işliyorsunuz ki, biz onları Allah Resûlü (s.a.v) zamanında helak eden (büyük) günahlardan sayardık."[167]

Onlar nasıl böyle olmasınlar ki? Zira onlar Peygamber'in (s.a.v) öğrencileridir. Onun elinde eğitilmiş ve onun elinde yetişmişlerdir. Onlar ümmetin en iyi kalplileri ve en derin bilgilileri idiler. Onlar üstlerine vazife olmayan işlere bulaşmaz ve yapmacık tavırlara girmezlerdi. Enes (r.a) şöyle buyuruyor: "Peygamber'i (s.a.v) defnettikten sonra kalplerimizi (o hayattayken olduğu gibi bulamaz ve) tanıyamaz olduk."

Peygamber (s.a.v) onlara ahiretle alakalı konuları anlattığında sanki onlar anlatılanları görüyor ve işitiyormuş gibi olurlardı. Çünkü hem Peygamber'in (s.a.v) sözleri onların kalplerini etkiliyordu hem de onlar yaratılıştan buna kabiliyetli idiler.

Sahabenin birçok hayır ve kuvvetli bir iman elde etmek için sahip oldukları şartlar ne kendilerinden önce bir kimseye nasip olmuştur ne de onlardan sonraki bir nesle nasip olacaktır. Büyüklerden birine, "Sahabe gibi bir neslin bir daha gelmesi mümkün mü?" diye sormuşlar. O da "Hayır" cevabını vermiş. "Peki niye?" diye sorulunca da şöyle demiş:

"Bir neslin onlar gibi olabilmesi için Peygamber (s.a.v) gibi bir hocaya talebe olması lazım. Peygamber (s.a.v) gibi bir hoca bulunamayacağına göre böyle bir nesil de olamaz demektir." Dolayısıyla da geriye bu üstün nesli ve Peygamber'in (s.a.v) onları yetiştirme metodunu örnek almak kalıyor.

167 Buhârî, Rikâk, 11/329; Ahmed, 3/3,157,470; 5/79.

İmanı artırıp kuvvetlendirmeye gelince, bu yollardan biri, Allah'ın tek yaratıcı olması, peygamberliğin alametleri, yeniden diriliş gibi konularla alakalı delilleri öğrenmektir. Çünkü inanılan şey hakkında çok ve kuvvetli deliller öğrenilmesi imanı güçlendirir. Ama bu deliller bilinmezse o zaman da iman zayıflar.

Hiç şüphe yok ki, Kur'ân'ın indiği dönemde yaşayan ve Peygamber'i (s.a.v) görmekle şereflenen sahabe bu konuda çok ileriydiler. Zira onlar Peygamber'in (s.a.v) mucizelerini ve onun hak peygamber olduğuna dair delilleri bizzat görmüşlerdi.

Sahabenin imanını artıran etkenlerden biri de ahiretle alakalı konuları çokça tekrarlayıp kalplerine yerleştirmiş olmalarıydı. Öyle ki onlar ahirete kesin bir şekilde inanmışlar ve sanki onu görüyormuş gibi bir hale gelmişlerdi. Ahiretle alakalı meseleler Kur'ân'ın Mekke'de inen surelerinde açıkça görülmektedir. Nitekim müminlerin annesi Âişe (r.a) şöyle diyor:

"Kur'ân'ın ilk inen surelerinden biri de içerisinde cennet ve cehennemden bahsedilen bir suredir. (Âişe (r.a) ikinci sırada inen Müddessir suresini kastediyor.) Bu surede Allah (c.c) şöyle buyuruyor:

"O Sûr'a üfürüldüğü zaman var ya..."[168]

"Biz cehennemin işlerine bakmakla ancak melekleri görevlendirmişizdir..."[169]

"Her nefis, kazandığına karşılık bir rehindir; Ancak sağdakiler başka. Onlar cennetler içindedirler. Günahkârlara: Sizi şu yakıcı ateşe sokan nedir? diye (uzaktan uzağa) sorarlar."[170]

İnsanlar İslâm'a yöneldikten sonra da helal ve haram gibi hükümler inmeye başladı. Şayet ilk başta, "zina etmeyin" diye bir hüküm gelseydi, insanlar "biz asla zinayı bırakmayız" der-

168 Müddessir, 8.

169 Müddessir, 31.

170 Müddessir, 38-42.

lerdi. Yine onlara "içki içmeyin" denilseydi, "içki içmeyi kesinlikle bırakmayız" derlerdi.

Ben oyun oynayan küçük bir kız iken Peygamber'e (s.a.v) şu türden ayetler nazil olmuştu: *"Bilakis kıyamet onlara vadedilen asıl saattir ve o saat daha belalı ve daha acıdır."*[171]

Bakara ve Nisâ (gibi hüküm içeren sureler) ise Medine'de, ben Peygamber'in (s.a.v) yanında iken nazil oldu."

İmanı güçlendiren bir diğer etken de imanla alakalı konuları kalpten tekrarlayıp hatırda tutmaktır ki, böylece onlar kalpte canlı kalsın ve oradan ayrılmasın. Nitekim Allah (c.c) de Kur'ân'da ahiretle alakalı meseleleri sık sık değişik şekillerde tekrarlayarak bize hatırlatmaktadır. Bazen bunu kesin ifadelerle bize bildirmektedir:

"Kıyamet günü mutlaka gelecektir. Herkes peşine koştuğu şeyin karşılığını bulsun diye neredeyse onu (kendimden) gizleyeceğim."[172]

Bazen de onun gerçekleşeceğine dair yemin etmektedir:

"Tozdurup savuranlara, yükünü yüklenenlere, kolayca süzülenlere, işi ayıranlara andolsun ki, size vadedilen, kesinlikle doğrudur ve ceza mutlaka vuku bulacaktır."[173]

Bazen de Allah (c.c) Peygamber'ine (s.a.v) onun gerçekleşeceğine dair yemin etmesini emretmektedir:

"İnkârcılar: Kıyamet bize gelmeyecek, dediler. De ki: Hayır! Gaybı bilen Rabbim hakkı için o, mutlaka size gelecektir."[174]

Bazen de Allah (c.c) onu yalanlayanları kınamaktadır:

"Allah'ın huzuruna varmayı yalanlayanlar elbette zarara uğramışlardır. Zira onlar doğru yola gitmemişlerdi."[175]

---

171 Kamer, 46.

172 Tâhâ, 15.

173 Zâriyât, 1-6.

174 Sebe, 3.

175 Yûnus, 45.

Bazen de ahirete inananları övmektedir:

"İyilik, yüzlerinizi doğu ve batı tarafına çevirmeniz değildir. Asıl iyilik, o kimsenin yaptığıdır ki, Allah'a, ahiret gününe, meleklere, kitaplara, peygamberlere inanır..."[176]

Bazen de Allah (c.c) kıyametin yaklaştığını bildirmektedir:

"Doğrusu onlar, o azabı (ihtimalden) uzak görüyorlar. Biz ise onu yakın görmekteyiz."[177]

Hemen hemen Kur'ân'ın her sayfasında ahiretle alakalı bir mesele görebilirsin. Şayet Allah (c.c) bunları tek bir yerde toplasaydı, onlara iman etmek için bu da yeterli olurdu. Ancak Kur'ân, bunları tekrar tekrar anlatıyor ki, bu sayede iman güçlensin, kul kalbini ve azalarını günahlardan uzak tutsun ve onları Allah'a itaate yönlendirsin. Bu da ancak ahirete imanın kalbe iyice yerleşmesinden sonra mümkündür.[178]

İmanı artıran sebeplerden biri de kulun, gece namazı, farz namazların ön ve arkasındaki sünnetler, oruç ve Kur'ân okumak gibi ibadetlere kendini alıştırmasıdır. Şüphesiz bu ibadetler kulun kalbini hayır ve iman noktasında takviye eder. Bu sebepledir ki sahabe birbirlerine, "Hadi oturup bir müddet iman edelim" derler; sonra da oturur Allah'ı (c.c) zikrederlerdi.

Ayrıca Allah (c.c) Peygamber'ini (s.a.v) ve sahabeyi gece namazıyla eğitmişti. Âişe (r.a) şöyle diyor:

"Allah (c.c) Peygamber'ine (s.a.v) gece namazını farz kıldı. Bunun üzerine o ve onunla beraber sahabe tam bir yıl gece namazına kalktılar. Allah (c.c) (Müzzemmil suresinin) gece namazını hafifleten son ayetini on iki ay sonra indirdi."[179]

---

176 Bakara, 177.

177 Meâric, 6-7.

178 Bk. Yazarın, *Tezkiratu'l-Ebrâr bi'l-Cenneti ve'n-Nâr* adlı eseri. Dâru'l-Akîde, s.7-8.

179 Uzun bir hadisten bir bölüm. Müslim, Salâtu'l-Musâfirîn, 6/26; Ahmed,

Âişe'nin (r.a) bu sözleriyle gece namazını emreden şu ayetleri kastetmektedir:

"Ey örtünüp bürünen (Resûlüm)! Birazı hariç, geceleri kalk namaz kıl. (Gecenin) yarısını (kıl). Yahut bunu biraz azalt, ya da çoğalt ve Kur'an'ı tane tane oku. Doğrusu biz sana (taşıması) ağır bir söz vahyedeceğiz. Şüphesiz gece kalkışı, (kalp ve uzuvlar arasında) tam bir uyuma ve sağlam bir kıraata daha elverişlidir."[180]

Gece namazının hafifletilmesiyle de şu ayeti kastetmektedir:

"(Resûlüm!) Senin, gecenin üçte ikisine yakın kısmını, (bazen) yarısını, (bazen de) üçte birini yatmadan (ibadetle) geçirdiğini ve beraberinde bulunanlardan bir topluluğun da (böyle yaptığını) Rabbin elbette biliyor. Gece ve gündüzü (içinde olup bitenleri iyiden iyiye) ölçüp biçen ancak Allah'tır. O sizin, bunu sayamayacağınızı bildiği için, sizi bağışladı. Artık, Kur'an'dan kolayınıza geleni okuyun."[181]

Kalplerin takva ile diriltilmesi konusuna gelince, takva "ihsân" demektir. İhsan, imandan daha yüksek bir mertebedir. Ben, takvaya ulaştıracak yolları anlattığım *et-Takvâ: el-Ğâyetu'l-Menşûde ve'd-Durretu'l-Mefkûde* adlı bir risale yazdım. Ve orada takvaya ulaştıracak beş maddeyi ayrıntılı olarak anlattım. Burada da onları özetle aktaralım:

1. Allah'ı çok sevmek. Öyle ki bu sevgi kulun kalbini kaplamalı ve oradan bütün sevgilileri çıkartmalıdır. Ve o bu sevgi uğrunda bütün menfaatleri feda edebilmelidir.

2. Allah'ın gözetimi altında olduğunu kalpten hissetmek ve O'ndan gerçek anlamda haya etmek.

3. Günah ve isyan yollarındaki tehlike ve zararları öğrenmek.

6/54; Ebû Dâvûd, Kıyâmu'l-Leyl, 1328; Nesâî, Kıyâmu'l-Leyl, 4/199.

180 Müzzemmil, 1-6.

181 Müzzemmil, 20.

4. Nefsi arzuları yenmeyi ve Allah'a itaat etmeyi öğrenmek.

5. Şeytanın hile ve tuzaklarını öğrenmek, onun vesveselerinden sakınmak.[182]

İman ve takva kuvvetlenince Allah korkusu da artar. Allah korkusu günahları terk etme konusunda en etkili ilaçlardandır.

İbn Hacer el-Heytemî şöyle diyor:

"Bilesin ki, insanı günahlardan uzak tutan en büyük şey Allah'tan korkmak, O'nun güç ve intikamından çekinmek, ceza, azap ve öfkesinden sakınmaktır. Bu sebeple, onun emrine aykırı davrananlar, başlarına bir bela gelmesinden veya kendilerine çok elemli bir azap isabet etmesinden sakınsınlar."[183]

"Korku, Allah'a yakın olabilmek için kulları ilim öğrenmeye ve amel etmeye sevk eden bir kamçıdır. Korku, gelecekte başına hoşlanmayacağı şeylerin gelmesi korkusuyla kalbin acı duyması ve yanıp tutuşması demektir. Azaları günahlardan alıkoyan ve onları ibadetlere bağlayan korkudur. Yetersiz bir korku gaflete ve günahlara dalmaya neden olur. Aşırı korku ise Allah'tan ümit kesmeye yol açar."[184]

Ebu'l-Ferec İbnü'l-Cevzî şöyle diyor:

"Korku, kötü arzuları yakan bir ateştir. Dolayısıyla onun değeri kötü arzuları yakması, günahlardan alıkoyması ve ibadete teşvik etmesi oranındadır. Korku nasıl değerli olmasın ki? Zira iffet, vera, takva, nefisle mücadele ve insanı Allah'a yaklaştıran iyi ameller hep onun sayesindedir."[185]

İbn Kudâme de (rh.a.) şöyle der:

---

182 *et-Takvâ: el-Ğâyetu'l-Menşûde ve'd-Durretu'l-Mefkûde*, Başlık: Nasıl takva sahibi olursun?, s.25-48.

183 *ez-Zevâcir an İktirâfi'l-Kebâir*, s.21.

184 Yazarın *el-Bahru'r-Râik* adlı eseri. s. 219-220. O da *İhyâ*'dan özetlenerek alınmıştır. s.2334.

185 *ez-Zevâcir an İktirâfi'l-Kebâir*, s.23.

"Korkunun faydalarından biri de kötü arzuları engellemesi ve zevkleri bulandırmasıdır. Böylece hoşa giden günahlar kulun gözünde çirkin bir hal alır. Aynı balı çok seven birinin, içinde zehir olduğunu bildiği bir baldan hoşlanmaması gibi.

Korku sayesinde kötü arzular yok olur, azalar terbiye olur, kalp itaatkar ve alçak gönüllü olur, kibir, hased ve kin oradan uzaklaşır. Böylece kalp dikkatini korktuğu şey üzerinde toplar, kötü akıbet üzerinde düşünür ve başka şeylerle meşgul olmaz.

Kalbin tek meşguliyeti murakabe, nefis terbiyesi ve muhasebesi olur. Nefes ve dakikaları boşa harcamaz. Nefsini aklından geçirdiği düşünceler, attığı adımlar ve söylediği sözler konusunda hesaba çekip azarlar. Böylece onun hali aynı yırtıcı bir hayvanın pençesine düşmüş biri gibi olur. Zira bu halde olan bir kimse o hayvanın gaflete düşmesini bekler ki kaçıp kurtulsun. Ama saldırıp kendisini öldürmeyeceğinden de emin olamaz. Dolayısıyla aklı fikri hep içine düştüğü durumda olur."[186]

İşte bunlar yani imanı, takvayı ve Allah korkusunu güçlendirmek çok günah işlemenin ilk tedavisidir. Bu konuya İbnü'l-Kayyım'ın bir açıklamasıyla son verelim. O, günahlara karşı sabretme ile alakalı olarak şöyle diyor:

"Günahlara karşı sabırlı olabilmenin onuncu ve aynı zamanda diğer dokuzunu da içeren yolu iman ağacının kalpte kök salmasıdır. Zira kulun günah işlememeye sabretmesi onun imanının kuvvetine bağlıdır. İmanı ne kadar güçlü olursa sabrı da o oranda kuvvetli olur. Ama iman zayıf olursa sabır da zayıf olur.

Kalbi, Allah'ın kendisini gözetlediğine ve gördüğüne, haramları yasakladığına, onlara ve onları işleyenlere gazaplandığına samimi olarak inanan, yine mükafata ve cezaya, cennete ve cehenneme kesin bir şekilde iman eden kimse bu inancının gereğini mutlaka yerine getirir.

186 *Muhtasaru Minhâci'l-Kâsıdîn*'den kısaltarak. s.303.

Sağlam bir imana sahip olmadan haram ve günahları terk edebileceğini zanneden kimse hata eder. Zira kalpte iman lambası güçlenip onun nuru kalbin her köşesini aydınlatınca bu nur azalara da yayılır. Böylece azalar imanın çağrısına hemen kulak verir; hoşlanmamazlık ve tembellik etmeksizin ona itaat eder.

Hatta onun çağrısını sevinçle karşılar. Aynı insanın, kendisine iyilikler yapan bir sevdiğinin onu, ikrama mazhar olacağı bir yere çağırdığında sevinmesi gibi. Böylece o her an imanın çağrısını bekler ve onun isteğini yerine getirmek için hazırlanır. Allah rahmetini dilediğine verir; O büyük lütuf sahibidir."[187]

2. Allah'ı tanımak, isim, sıfat, emir ve yasaklarını öğrenmek

Daha önce Allah'ın (c.c) birçok ayette günahkarları nasıl cahillikle nitelediğini görmüştük. Şimdi de, O'nun ilim ehlini Allah korkusu, yücelik, hakka şahitlik etmek vb. vasıflarla nasıl nitelediğini görelim. Allah (c.c) şöyle buyuruyor:

"Kulları içinden ancak âlimler, Allah'tan (gereğince) korkar."[188]

"...Allah sizden inananları ve kendilerine ilim verilenleri derecelerle yükseltsin. Allah yaptıklarınızdan haberdardır."[189]

"Allah, adaleti ayakta tutarak (delilleriyle) şu hususu açıklamıştır ki, kendisinden başka ilâh yoktur. Melekler ve ilim sahipleri de (bunu ikrar etmişlerdir)."[190]

Kârûn olanca ihtişamıyla insanların karşısına çıkınca, dünya hayatını arzulayanlar ona bakarak aldanmışlardı. Allah (c.c) içlerinden ilim sahibi olanların onlara ne söylediğini şöyle haber veriyor:

---

187 *Tarîku'l-Hicreteyn*, Mektebetü's-Selefiyye, s.275.

188 Fâtır, 28.

189 Mücâdele, 11.

190 Âl-i İmrân, 18.

"Kendilerine ilim verilmiş olanlar ise şöyle dediler: Yazıklar olsun size! İman edip iyi işler yapanlara göre Allah'ın mükâfatı daha üstündür. Ona da ancak sabredenler kavuşabilir."[191]

İlim sahipleri dünyada iken insanlara gerçekleri anlatıp hakkı ortaya koydukları gibi kıyamet gününde de onlara mazeret ileri sürme fırsatı vermeyeceklerdir:

"Kıyamet koptuğu gün, günahkârlar, (dünyada) ancak pek kısa bir süre kaldıklarına yemin ederler. İşte onlar, (dünyada da haktan) böyle döndürülüyorlardı. Kendilerine ilim ve iman verilenler şöyle derler: Andolsun ki siz, Allah'ın yazısında (hükmedildiği gibi) yeniden dirilme gününe kadar kaldınız. İşte bugün yeniden dirilme günüdür; fakat siz onu tanımıyordunuz."[192]

İbnü'l-Kayyım (rh.a.) şöyle diyor:

"İnsanların ele geçirdiği, kalplerin sahip olduğu ve kulun sayesinde dünya ve ahirette yüksek bir mertebe kazandığı en üstün şey ilim ve imandır. Bu sebepledir ki Allah (c.c) o ikisini bir arada zikretmiştir:

"Kendilerine ilim ve iman verilenler şöyle derler: Andolsun ki siz, Allah'ın yazısında (hükmedildiği gibi) yeniden dirilme gününe kadar kaldınız. İşte bugün yeniden dirilme günüdür"[193]

"...Allah sizden inananları ve kendilerine ilim verilenleri derecelerle yükseltsin. Allah yaptıklarınızdan haberdardır."[194]

İşte bu kimseler varlığın amacı ve özüdür ve yüce mertebelere layık olanlardır."[195]

Ben de derim ki, bu konuda Peygamber'in (s.a.v) şu sözü yeterlidir:

---

191 Kasas, 80.

192 Rûm, 55-56.

193 Rûm, 56.

194 Mücâdele, 11.

195 *el-Fevâid'den kısaltarak. s.138-139.*

"Allah'a yemin ederim ki ben onların Allah'ı en iyi tanıyanı ve O'ndan en çok korkanıyım."[196]

Kul, Allah'ı tanıdıkça ve O'nun isim ve sıfatlarını öğrendikçe O'na karşı daha saygılı ve itaatkar olur. Ama Allah'ı tanımayan, isim ve sıfatlarından haberi olmayan bir kimse ise O'nu kadrini bilemez. Nitekim Nûh (a.s.) kavmine şöyle demişti:

"Size ne oluyor ki, Allah'a büyüklüğü yakıştıramıyorsunuz? Oysa, sizi türlü merhalelerden geçirerek O yaratmıştır. Görmediniz mi, Allah yedi göğü birbiriyle uyumlu olarak nasıl yaratmış! Onların içinde ayı bir nur kılmış, güneşi de bir kandil yapmıştır."[197]

Heytemî (rh.a.) şöyle diyor:

"Bu sebepledir ki peygamberlerde, alimlerde ve Allah dostlarında Allah korkusu ağır basmıştır. Zalimler, azgınlar, ahmak firavunlar, cahiller ve halkın büyük çoğunluğu ise Allah'ın azabına karşı kendilerini güven içinde hissederler. Sanki onlar ahiret hesabına çekilmişler de kurtulmuşlar gibi... Ne şiddetli cezadan korkarlar ne ateş azabından ne de Allah'tan uzak kalmaktan. Onlar Allah'ı unutmuşlardır; Allah da onlara kendilerini unutturmuştur ve onlar yoldan çıkmışların ta kendileridir."[198]

Peygamber (s.a.v) bir hadislerinde şöyle buyuruyor: "Şayet siz benim bildiklerimi bilseniz, az güler çok ağlardınız."[199]

İbn Hacer bu hadisle alakalı olarak şöyle diyor:

"Peygamber'in (s.a.v) bildiği şeyler Allah'ın büyüklüğü, kendisine isyan edenlerden intikam alması, ölüm anında can çıkarken, kabirde ve kıyamet gününde gerçekleşecek olan korkunç

---

196 Buhârî, Edeb, 10/513; Müslim, Fedâil, 15/106; Ahmed, 6/45, 181.

197 Nûh, 13-15.

198 *ez-Zevâcir an İktirâfi'l-Kebâir*, s.26.

199 Buhârî, Enes'ten (r.a) Rikâk, 11/319 ve el-Eymân ve'n-Nuzûr, 11/524; Tirmizî, Zühd, 9/194.

hallerle alakalı bilgilerdir. Az gülüp çok ağlamanın bu konuyla alakası da gayet açıktır."

Allah (c.c) meleklerin sahip olduğu korkudan bahsederek şöyle diyor:

"Onlar, üstlerindeki Rablerinden korkarlar ve kendilerine ne emrolunursa onu yaparlar."[200]

"Gök gürültüsü Allah'ı hamd ile tesbih eder. Melekler de O'nun heybetinden dolayı tesbih ederler."[201]

Bu ümmetin en bilgilileri olan selef-i salih aynı zamanda insanların Allah'tan en çok korkanları, O'na karşı en itaatkarları ve isyandan en uzak olanları idiler. Allah'a itaat etmek ve O'na isyandan kaçınmak suretiyle takvalı olabilmek için şüphesiz önce ilim öğrenmek gerekir. Yoksa takvadan haberi olmayan biri nasıl takva sahibi olabilir ki?

Zira kul helalle haramı, mekruhla mubahı ancak ilim sayesinde ayırt edebilir. Aynı zamanda o ilim sayesinde kendini şüpheli şeylerden korur. Nitekim Ali (r.a) Kümeyl b. Ziyâd'a yaptığı tavsiyede şöyle diyor: "Malı sen korursun; ama ilim seni korur."

İlim, kulu şüpheli şeylere düşmekten korur. Yine ilimle, ya-ni Kur'ân ve sünnetten delilleri ile birlikte dini hükümleri ve iman ilkelerini bilmekle kul, insanı doğru yoldan saptıran şüphelere karşı koyabilir. Nitekim Ali (r.a) Kümeyl'den nakledilen bir sözünde kötü alimleri açıklarken şöyle demektedir:

"Ya da hak ehline tabi olmuştur; ama şüpheler hakkında basiretsizdir. Karşısına çıkan ilk şüphe kalbinde kuşku kıvılcımları oluşturur."

Bu sözüyle Ali (r.a) Allah ve Resûlüyle arasındaki bağı koparan taklitçi kimseyi yermektedir. Çünkü böyle birisinin dinin

200 Nahl, 50.

201 Ra'd, 13.

delilleri konusunda bir bilgisi yoktur. Onun bildiği tek şey "İmam Ahmed (rh.a.) şöyle demiştir; İmam Şafiî (r.a) böyle demiştir; İmam Mâlik şöyle demiştir; İmam Ebû Hanîfe şöyle demiştir." demektir. Onun Peygamber'in (s.a.v) sözlerinden haberi bile yoktur.

Alimler taklitçi kimsenin ilim ehlinden olmadığı konusunda fikir birliği etmişler ve şöyle demişlerdir: "Taklitçi kimseyle güdülen bir koyun arasında fark yoktur."

Yine ilim sayesinde kul günahların dünya ve ahiretteki cezalarını öğrenir, onların zarar ve çirkinliklerini bilir. Böylece de insanların günahlardan en uzak duranı olur. İlim, yolu aydınlatan bir lambadır. Onun sayesinde kul yoldaki uçurumları, engelleri ve tehlikeleri görür.

İbnü'l-Kayyım şöyle diyor:

"Allah'a ve ahiret gününe, hatta her hangi bir amaca yürüyen bir kimse şu iki güce sahip olmadan amacına ulaşamaz: ilim kuvveti ve amel kuvveti. İlim kuvveti ile gideceği yeri ve yol güzergahını görür, böylece oraya gitmeye niyetlenerek yola çıkar. Ayrıca tehlikelerden ve kendisini doğru olan yoldan saptıracak yanlış yollardan ilim ile uzak durur. Amel kuvveti ise gerçek anlamda o yolda yürümektir."[202]

3. Allah'ın affı konusunda ümitli olmakla boş hayallere dalmak arasındaki farkı öğrenmek

Daha önce çok günah işlemeye yol açan nedenlerden birinin de boş ümit ve hayallere dalmak olduğunu söylemiştik. Bunun ilacı ise kulun boş hayallere kanmakla ümitli olmak ve reca ile irca arasındaki farkı öğrenmesidir.

Gerçek reca ya da hüsnü zan, bütün şartları yerine getirilmiş olan bir istek ya da arzuyu gönül rahatlığıyla beklemektir. Mesela

202 *Tarîku'l-Hicreteyn*'den kısaltarak. s.183.

gece gündüz ilim öğrenen, ilim meclislerine koşan ve ilim ehliyle oturup kalkan bir kimse alim olmayı ümit edebilir. İşte buna reca denir.

Ama gerçek anlamda ilim öğrenmeye çabalamayan, isyanlarla meşgul olan ve Allah'a itaatten yüz çeviren tembel bir kimse kendi zamanın en alimi olmayı ümit ederek Allah'tan dilese bu yaptığı kendini kandırmak ve boş hayallere dalmak olur.

Yine bir kimse iyi bir niyetle insanların en zengini olmayı ümit etse, ama geçimini sağlamak ve rızkını kazanmak için çalışmasa kendi kendini kandırmış olur. Yine salih evlat isteyip de evlenme gibi şartları yerine getirmeyen bir kimsenin bu yaptığı reca değil kendi kendini kandırmaktır. Allah (c.c) şöyle buyuruyor:

"İman edenler ve hicret edip Allah yolunda cihad edenler var ya, işte bunlar, Allah'ın rahmetini umabilirler."[203]

Yani Allah'ın rahmetini ümit etmeye bu kimseler layıktır. Her ne kadar bu kimselerden başkaları da Allah'ın rahmetini ümit etmekteyse de ümit etmeyi esas hak edenler bunlardır. Yani bu özelliklere sahip olmayanlar ümit etmeyi hak etmemişlerdir, demektir. Çünkü Allah (c.c) cennete girme ve rahmete kavuşma konusunda iman ve salih ameli şart koşmuştur. Nitekim Allah (c.c) *"Şüphesiz iyilik sahiplerine Allah'ın rahmeti yakındır."*[204] buyurmuştur. Ama, "Allah'ın rahmeti günahkarlara yakındır" dememiştir.

Bir başka ayette ise şöyle buyurmaktadır Allah (c.c): *"İman edip iyi işler yapanlara gelince, Rableri onları rahmetine kabul eder. İşte apaçık kurtuluş budur."*[205]

Ğazzâlî (rh.a.) şöyle der:

"Ama, Allah'ın hoşlanmadığı işleri yapan, nefsini kınama-

203 Bakara, 218.

204 A'râf, 56.

205 Câsiye, 30.

yan ve tevbe edip günahı terk etmeye de azmetmeyen birisinin bağışlanmayı ümit etmesi ahmaklıktır. Zira bunun durumu aynı çorak bir araziye tohum eken üstelik oranın bakım ve sulamasını da yapmadan ürün bekleyen biri gibidir.

Yahyâ b. Muâz şöyle der: 'Bana göre en büyük aldanma, günah işlemeye devam edip de pişmanlık duymadan affolacağını, itaat ve ibadet yapmadan Allah'a yakın olacağını, cehennem tohumları ekip cennete gideceğini, isyanlara dalıp itaatkarlarla bir arada olacağını, amel etmeden mükafat alacağını ve haddi aştığı halde Allah'ın merhamet edeceğini zannetmektir.' Şair de şöyle der:

'Kurtulmayı ümit edersin;ama

Kurtuluş yoluna girmezsin.

Gemiler karada gitmez; bunu bilmez misin?"[206]

İbnü'l-Kayyım da şöyle diyor:

"Allah'tan kaçarak O'nu kızdırıp gazaplandıracak yerlere giden, O'nun lanetini hak eden, emirlerini hafife alıp zayi eden, yasaklarını basite alıp çiğneyen bir kimse nasıl olur da Allah hakkında hüsnü zan edebilir?

Allah'a savaş açan, O'nun dostlarına düşman düşmanlarına dost olan, mükemmel sıfatlarını inkar eden, O'nun ve peygamberlerinin kendisini nitelediği sıfatlar hakkında olumsuz düşüncelere sapan ve bu sıfatların zahirinin küfür ve sapıklık olduğunu zanneden kimse nasıl Allah hakkında iyi niyetler besleyebilir?

Yine Allah'ın konuşmadığını emir ve yasak koymadığını, razı olmadığını ve öfkelenmediğini zanneden bir kimse Allah hakkında nasıl hüsnü zanna sahip olabilir? Nitekim Allah (c.c) kendisinin gizli konuşmaları işitip işitmeyeceği konusunda şüpheye düşenler hakkında şöyle buyuruyor:

---

206 *İhyâu Ulûmi'd-Dîn*, 2311.

"Rabbiniz hakkında beslediğiniz zan var ya, işte sizi o mahvetti ve ziyana uğrayanlardan oldunuz."[207]

Bu gibiler Allah'ın, yaptıklarının bir çoğunu bilmediğini zannettiler ve O'nun hakkında sahip oldukları bu kötü düşünceleri onları helak etti."

İbnü'l-Kayyım daha sonra şöyle devam ediyor:

"Büyük günah işleyenler ve zulmedenler kul haklarıyla Allah'ın huzuruna çıktıklarında O'nun kendilerine ne yapacağını zannediyorlar acaba? Eğer 'Allah'ım biz senin hakkında iyi niyet besliyorduk?' demeleri onlara fayda verecekse bu, hiçbir zalim ve fasık azap görmeyecek demektir. O zaman onlar dilediğini yapsınlar, Allah'ın yasakladığı her şeyi işlesinler sonra da Allah hakkında iyi niyetlerde bulunsunlar. Çünkü onlara ateş dokunmayacak ki! Subhanallah! Böyle şey mi olur? İnsan bu kadar da mı aldanır?

Nitekim İbrahim (a.s.) kavmine şöyle demişti: "Allah'tan başka bir takım uydurma ilâhlar mı istiyorsunuz? O halde âlemlerin Rabbi hakkında ne düşünüyorsunuz?"[208]

Yani, siz O'ndan başkasına kulluk ediyorsunuz; bu halde Allah'ın size ne yapacağını zannediyorsunuz?

Bu meseleyi iyi bir şekilde düşünen kimse anlar ki, Allah hakkında iyi düşünceler beslemek iyi ameller yapmak demektir. Çünkü kul ancak, Rabbi hakkında, O'nun amellerini kabul edip kendisini mükafatlandıracağı konusunda iyi düşüncelere sahipse iyi ameller yapar. Yani onu amel etmeye sevk eden sahip olduğu hüsnü zandır."[209]

Yine İbnü'l-Kayyım şöyle diyor:

"Böylece, hüsnü zanla kendini kandırmak arasındaki fark

207 Fussilet, 23.

208 Saffât, 86.

209 *el-Cevâbu'l-Kâfî*, s.23.

ortaya çıkmış oldu. Şayet hüsnü zan insanı amel etmeye sevk ve teşvik ediyorsa bu konuda ona yardımcı oluyorsa işte bu gerçek anlamda bir hüsnü zandır. Ama tam aksine tembelliğe ve günah işlemeye sevk ediyorsa bu kendini kandırmak ve aldanmaktır.

Hüsnü zan reca/ümitli olmak demektir. Kimin ümidi kendisini itaate yönlendiriyor ve isyandan uzaklaştırıyorsa bu doğru bir ümittir. Ama tembelliği ümit zanneden, ümidi de tembellik ve kusur işlemeye yol açan kimse ise aldanmış demektir."[210]

İbn Hacer de (rh.a.) şöyle diyor:

"Recadan kastedilen şudur: Herhangi bir kusur işleyen kimse Allah hakkında hüsnü zan eder ve O'nun günahını bağışlayacağını ümit eder. Bir ibadet yaptığında da Allah'ın onu kabul etmesini umar.

Ama cezalandırılmayacağını ümit ederek günahlara dalan ve onları terk etmeyen ve pişmanlık da duymayan bir kimse kendini aldatıyor demektir. Ebû Osmân el-Cîzî'nin şu sözü ne kadar da güzeldir:

'Kurtuluşun alametlerinden biri itaat ve ibadet edip onun kabul olmamasından korkmandır. Helak olmanın alametlerinden biri de isyan edip de kurtulacağını ümit etmendir."[211]

İbnü'l-Cevzî de (rh.a.) şöyle diyor:

"Dünyanın akıbetini düşünen tedbirini alır. Yolun uzun olduğuna bilen yolculuk için hazırlık yapar. Ey bir şeye kesin inanıp da sonra onu unutan, hakkında bir zarar gerçekleşip kendisini saran ve Allah kokulmaya daha layık iken insanlardan korkan kimse, senin bu durumun ne şaşırtıcıdır?

Nefsin şüphe duyduğun bir konuda seni yeniyor; ama sen onu kesin bildiğin bir meselede yenemiyorsun? Kendini kan-

---

210 *el-Cevâbu'l-Kâfî*, s.38.

211 *Fethu'l-Bârî*, 11/301.

dırmana sevinmen, oyun eğlence içinde gizli tehlikelerden gafil olman, sağlığına aldanıp hastalığın yakın oluşunu unutman ve acıların yaklaştığını unutarak afiyette oluşuna sevinmen ne kadar da hayret vericidir!

Başkalarının ölümü sana senin de öleceğini gösteriyor; onların yattığı yer sana ölmeden önce senin ileride yatacağın yeri öğretiyor. Ama zevklerin peşinde koşmak seni halinin perişan olduğunu düşünmekten alıkoyuyor.

'Sanki sen ölüp gidenlerin haberini duymamış,
Hayatta olanlara felaketlerin ne yaptığını
Görmemiş gibisin.
Şayet bilmiyorsan bak işte şurası onların yurtları
Rüzgarın gücü ve kabirler onları silip götürdü.
Nice ev sahibi gördüm, evine oturmadan
Mezara indi.
Nice saray sahipleri gördüm, azledilince düşmanı peşine düştü.
Ey her an bu sona, ölüme doğru yürüyen!
İşleri anlayışsız ve bilgisizin işine benzeyen!
Gözlerin nasıl uyur rahat içinde!
Halbuki bilmiyorsun, iki yerden hangisine
Gideceğini?" [212]

İrcâ ile recâ arasındaki fark:

Muhammed b. İbrahim el-Vezîr şöyle diyor:

"Recâ, Allah'ın kendisine şirk koşulmasını bağışlamayacağını, şirk haricindekileri ise dilediği kimse için bağışlayacağına

212 *Saydu'l-Hâtır*, 13-14.

inanmaktır. Ancak burada bağışlanacak olan kimseler kesin belli değildir.

İrcâ ise Allah'ın şirk haricindeki günahları tevhid ehli olanlar için kesin olarak bağışlayacağını söylemektir. Bu inanca sahip olanlar 'dilediği kimse için bağışlar' ifadesiyle kastedilenlerin müşriklerin şirkinin haricindeki büyük günahları işleyenlerin bağışlanmasının kastedildiğini iddia etmişlerdir. Ve eğer 'dileme' şartına bağlanmasaydı, onların da kayıtsız şartsız bağışlanması gerekirdi, demişlerdir. Ve bu dediklerinin açıklamasının sünnette mevcut olduğunu iddia etmişlerdir."[213]

Allâme Fahruddîn Abdullah b. Muhammed b. Yahyâ el-Mansûr şöyle diyor:

"Ey kendini kandıran kimse! Bilesin ki Allah (c.c) müslüman ve ehl-i kitap mürcielerinin görüşlerini reddetmiş ve onların bu görüşlerine şu ayette kuruntu demiştir:

"Ne sizin kuruntularınız ne de ehl-i kitabın kuruntuları (gerçektir); kim bir kötülük yaparsa onun cezasını görür ve kendisi için Allah'tan başka dost da, yardımcı da bulamaz."[214]

Yine Allah (c.c) ehl-i kitaptan olan mürcielerin şu sözlerini: *"Yahudiler ve hıristiyanlar "Biz Allah'ın oğulları ve sevgilileriyiz" dediler."*[215] (Yani, biz dilediğimizi yaparız) şu sözüyle reddetmiştir: *"De ki: Öyleyse günahlarınızdan dolayı size niçin azap ediyor?"*[216]

Yine Kur'ân'da her ümit verici ayetten sonra mutlaka tehdit bildiren ifadeler yer alır. Mesela şu ayet buna bir örnektir:

"(Resûlüm!) Kullarıma, benim, çok bağışlayıcı ve pek esirgeyici olduğumu haber ver Benim azabımın elem verici bir azap olduğunu da bildir."[217]

---

213 *Îsârû'l-Hakk ale'l-Halk*'tan kısaltarak, s.369.

214 Nisâ, 123.

215 Mâide, 18.

216 Mâide, 18.

217 Hicr, 49.

Müfessirlerden bazıları Kur'ân'da en ümit verici ayetin şu olduğunu söylemiştir:

"De ki: Ey kendi nefisleri aleyhine haddi aşan kullarım! Allah'ın rahmetinden ümit kesmeyin! Çünkü Allah bütün günahları bağışlar. Şüphesiz ki O, çok bağışlayan, çok esirgeyendir."[218]

Bununla birlikte bu ayetin sonrasında da şöyle bir ifade yer almaktadır: *"Size azap gelip çatmadan önce Rabbinize dönün, O'na teslim olun, sonra size yardım edilmez."*[219]

Ayrıca o ayet kayıtsız şartsız da değildir; Nisâ suresinde iki ayrı yerde geçen şu ayetle kayıt altına alınmıştır: *"Allah, kendisine ortak koşulmasını asla bağışlamaz; ondan başka günahları dilediği kimse için bağışlar."*[220]

Bu gibi ayetleri ancak kalbi mühürlenmiş olan kimseler görmezlikten gelir."[221]

İbn Hacer el-Heysemî ise şöyle diyor:

"Mürcienin, 'Kafir olana yaptığı itaat fayda vermediği gibi, mümin bir kimseye de işlediği günah zarar vermez.' sözüne gelince, bu onların Allah'a attıkları iftiralardan biridir. Onların görüşlerini destekler gibi görünen ayet ve hadisler aslında öyle değildir. Zira başka ayet ve hadisler çok kesin ve açık bir şekilde bunu göstermektedir.

Dolayısıyla da her müslümana düşen, günahkar müminlerden bir grubun cehenneme gireceğine inanmaktır. Zira bunu inkar etmek küfürdür. Çünkü bunu inkar etmek bu konudaki kesin delilleri yalanlamak demektir."[222]

---

218 Zümer, 53.

219 Zümer, 54.

220 Nisâ, 48, 116.

221 *Berâetu'z-Zimme fî Nushi'l-Mulûki ve'l-Eimme*, (tahkik ve tashih: İsmâîl el-Ensârî) Riâsetu İdârâti'l-Buhûsu'l-İlmiyye ve'l-İftâ, s.20-21.

222 *ez-Zevâcir an İktirâfi'l-Kebâir*, s.40.

4. Kur'ân ve sünnete sarılmak, selefin yoluna uymak

Allah (c.c) şöyle buyuruyor:

"Ey insanlar! Size Rabbinizden bir öğüt, gönüllerdekine bir şifa, müminler için bir hidayet ve rahmet gelmiştir."[223]

"Biz, Kur'an'dan öyle bir şey indiriyoruz ki o, müminler için şifa ve rahmettir; zalimlerin ise yalnızca ziyanını artırır."[224]

İbnü'l-Kayyım (r.a) şöyle diyor:

"Daha önce kalp hastalıklarının temelinin şüphe ve şehvet hastalığı olduğunu belirtmiştik. Kur'ân bu iki hastalığa da şifadır. Zira Kur'ân'da hak ile batılı birbirinden ayıran kesin ve apaçık deliller vardır. Bunlar ilmi, düşünce ve anlayışı bozan şüphe hastalığını yok eder. Böylece o kimse her şeyi olduğu gibi görmeye başlar.

Dünyada Allah'ın birliği, sıfatları, ahiret, peygamberlik, batıl mezheplerin ve bozuk görüşlerin reddi gibi çok önemli meselelerde Kur'ân'dan daha açık delillere sahip olan bir başka kitap daha yoktur. Zira o bütün bunları içermekte ve en güzel, en açık ve akla en uygun şekilde açıklamaktadır.

Kur'ân, şek ve şüphe hastalıklarına karşı gerçek bir ilaçtır. Yalnız bu, onun anlaşılmasına ve kastedilen manaların bilinmesine bağlıdır."[225]

Daha sonra İbnü'l-Kayyım şöyle diyor:

"Kur'ân'ın şehvetlere şifa olmasına gelince, bu onun içerdiği hikmet, teşvik, korkutma ve zühd sahibi olma konusundaki güzel öğütleri, ahirete teşvik, misaller, içinde ibret ve basiretin dolu olduğu kıssalar sayesindedir. Şöyle ki sağlam bir kalbe sahip olan kimse bunları görünce, dünya ve ahirette kendisine fayda sağla-

---

223 Yûnus, 57.

224 İsrâ, 82.

225 *İğâsetu'l-Lehfân*'dan kısaltarak, 1/56.

yacak işlere yönelir ve zararlı olanlardan da uzak durur. Böylece kalp doğruluğu sever, sapkınlıktan da nefret eder bir hale gelir.

Aynı zamanda Kur'ân, bozuk iradelere yönelik hastalıkları da yok eder. Böylece kalp ve onunla birlikte irade de düzelir ve kalp, üzerinde yaratılmış olduğu fıtratına geri döner. Netice olarak kendi tercihiyle yaptığı fiilleri de düzelir."[226]

Şüphe ve şehvetlerin çokluğunun tedavisi Kur'ân ve sünnete sarılmakla olur. Bu da onu sahabenın anladığı gıbı anlamakla ve Kur'ân ile sünnetin önüne hiçbir zıt görüş, yöntem ve fikir geçirmemekle mümkündür. Allah (c.c) şöyle buyuruyor:

"Ey iman edenler! Allah'ın ve Resûlünün önüne geçmeyin. Allah'tan korkun."[227]

Şâtıbî (rh.a.) şöyle diyor:

"Bidatçı kimselere hevalarına uydukları için heva ehli denilmiştir. Zira onlar şeriatın delilerini alma ihtiyacı hissetmemiş ve onları kendilerine dayanak yapmamışlardır ki onlardan yola çıksınlar. Aksine hevalarını onların önüne geçirmiş, kendi fikirlerine dayanmış sonra da bunların arkasından şeriatın delillerine bakmışlardır. Bunların çoğu da hüsün-kubuh teorisine dayananlarla filozoflara meyledenlerdir.

İdarecilerden korkup da onlardan bir menfaat ya da makam mevki elde etmek isteyenler de onlara dahil olur. Zira bu gibi kimseler de insanlarla beraber onların hevalarına uyarlar. Şu ayet Kur'ân'da hevanın yerildiğini göstermektedir:

"Hevâ ve hevesini tanrı edinen ve Allah'ın (kendi katındaki) bir bilgiye göre saptırdığı, kulağını ve kalbini mühürlediği, gözünün üstüne de perde çektiği kimseyi gördün mü?"[228]

---

226 *İğâsetu'l-Lehfân*, 1/58.

227 Hucurât, 1.

228 Câsiye, 23.

Kur'ân'da heva hep yerilmiştir. İbn Vehb, Tâvûs'un şöyle dediğini nakletmiştir: 'Allah (c.c) Kur'ân'da hevayı zikrettiği her yerde onu yermiş ve şöyle demiştir: *"Allah'tan bir yol gösterici olmaksızın kendi heva ve hevesine uyandan daha sapık kim olabilir!"*[229]

Yine Abdurrahman b. Mehdî'den şöyle nakledilmiştir: Bir adam İbrahim en-Nehaî'ye hangi tür hevanın hayırlı olduğunu sormuş. O da şöyle cevap vermiş: 'Allah hevanın hiçbirine zerre ağırlığınca hayır koymamıştır. Onlar ancak şeytanın süsleridir. Ne varsa ilk -yani selef-i salihin gittiği- yolda vardır."[230]

Netice olarak şüphelerin tedavisi Kur'ân ve sünnete sarılmakla, şahsi görüş, heva ve yanlış ölçüleri Allah'ın kelamının ve Peygamber'inin sünnetinin önüne geçirmemekle olur.

Şehvetlere gelince, Allah (c.c) onların en önemlilerini şu ayette zikretmiştir:

"Nefsani arzulara, (özellikle) kadınlara, oğullara, yığın yığın biriktirilmiş altın ve gümüşe, salma atlara, sağmal hayvanlara ve ekinlere karşı düşkünlük insanlara çekici kılındı."[231]

Allah (c.c) bu ayette önce kadınları zikretti. Çünkü onlara olan düşkünlük diğerlerinden daha büyüktür. Zira şehvet güçlü, insanların ona karşı koyabilme gücü ise zayıftır. Nitekim Peygamber'in (s.a.v) şu hadisi de bu duruma işaret etmektedir:

"Benden sonra erkeklere kadınlardan daha zararlı bir fitne sebebi bırakmadım."[232]

Yine Peygamber (s.a.v) şöyle buyuruyor:

"Dünya tatlı, göz kamaştırıcı ve çekicidir. Allah onu sizin kullanmanıza verecek ve sizin nasıl davranacağınıza bakacaktır.

---

229 Kasas, 50.

230 *el-İ'tisâm*'dan kısaltarak, 2/176-180.

231 Âl-i İmrân, 14.

232 Buhârî, Nikâh, 9/137; Müslim, Rikâk, 17/54.

Dünyaya aldanmaktan sakının. Kadınlara kapılmaktan korunun. Çünkü İsrailoğullarında ilk fitne kadınlar yüzünden çıkmıştır"[233]

Peygamber (s.a.v) şu hadisiyle bu tür şehvetin tedavisine yol göstermiştir:

"Ey gençler! İçinizden evlenmeye imkanı olanlar evlensinler. Zira evlilik gözü ve ırzı (haramdan) daha fazla korur. Evlenmeye imkanı olmayanlarsa oruç tutsun. Çünkü orucun (şehveti zayıflatıcı) etkisi vardır."[234]

Peygamber (s.a.v) bu hadiste gençlere hitap etmiştir; çünkü kadınlara karşı arzu duyma konusunda ilk akla gelenler onlardır. Ayrıca bu hadisi şerif evlenme imkanı olanlara ve olmayanlara bu arzuları konusunda bir ilaç göstermiştir.

Şöyle ki Peygamber (s.a.v) evlenme imkanı olanları bu arzularını evlenmek suretiyle meşru yoldan gidermeye yönlendirmiştir. Çünkü evlilik gözü ve ırzı harama düşmekten koruma noktasında daha etkilidir.

Sonra Peygamber (s.a.v) evlenme imkanı olmayanlara bu arzularını oruç vasıtasıyla kırmalarını öğütlemiştir. Çünkü oruç şehveti kırar ve zayıflatır. Böylece nefis kula itaat eder ve kulun da onu Allah'a itaate, O'nun emir ve yasaklarını uygulamaya yönlendirmesi kolay olur. Çünkü nefis aynı binek gibidir. Yemini çok verirsen serkeş olur ve onu idare etmek zor olur. Zira şöyle bir söz vardır: "Nefis doyunca şehvetlerin peşinde koşar."

Lokmân'ın (a.s.) oğluna şöyle dediği rivayet edilir: "Mide dolunca düşünce uyur, hikmet susar ve azalar ibadeti bırakır."

Nefsi idare altına almaya yardımcı olan konulardan biri de kulun vaktini, nefesini ve azalarını namaz, zikir, ilim öğrenmek gibi itaat ve ibadetlerle meşgul etmesidir. Çünkü sen nefsi doğru işlerle meşgul etmezsen, o seni yanlış işlerle meşgul eder.

233 Müslim, Rikâk, 17/55.

234 Buhârî, Savm, 4/119; Müslim, Nikâh, 9/175.

Ayrıca kul ibadetlerle meşgul olduğunda kalbinde düşünce ve vesveselere yer kalmaz. Ama zikir ve itaatten gafil olursa şeytan günah işleme konusunda ona vesvese verir. Aynı İbnü'l-Kayyım'ın dediği gibi: "Kul bir an Allah'ı anmaktan gafil olursa şeytan hemen ona hücum eder, vaatlerde bulunur ve onu hayallere daldırır."

Şehvetlerin tedavisi birkaç şekilde olur:

1. Şehveti evlilik ya da oruçla zayıflatmak.

2. Nefsi itaat ve ibadetlerle meşgul etmek. Böylece kalpte şeytanın vesveselerine yer kalmaz; nefis de günah için vakit ve imkan bulamaz.

3. Şeytan günah işlemek için bir vesvese verdiğinde derhal "eûzu" çekerek şeytandan Allah'a sığınmak. Çünkü Allah (c.c) şöyle buyuruyor:

"Eğer şeytandan gelen kötü bir düşünce seni dürtecek olursa, hemen Allah'a sığın. Çünkü O, işiten, bilendir."[235]

4. Aklın hayal ve düşüncelere dalmasına engel olmak. İbnü'l-Kayyım şöyle diyor:

"Aklın hayale dalmasına engel ol. Eğer bunu yapmazsan o hayal fikir halini alır. Fikirle mücadele et. Bunu yapmazsan o da şehvete/arzuya dönüşür. Şehvetle savaş; çünkü bunu yapmazsan o kesin bir karara dönüşür. Ona da engel olmaya çalış; zira onu engelleyemezsen o fiile dönüşür. Zıddını yapmak suretiyle o fiili telafi edemezsen, bu sefer de âdet halini alır ki artık onu terk etmen çok zor olur."[236]

Yine İbnü'l-Kayyım *Tarîku'l-Hicreteyn* adlı eserinde şöyle diyor:

235 Fussilet, 36.

236 *el-Fevâid*, s.46.

"Hal, söz ve davranışlarda doğru olmaya götüren yolu açıklama konusunda önemli bir kural: Bu kural iki şeyle gerçekleşir. Birincisi, akla gelen düşünceleri kontrol altına almak, onları ihmal etmekten ve peşi sıra gitmekten sakınmaktır. Çünkü bütün fesatlar o düşünceler vasıtasıyla gelir. Zira onlar şeytanın ve nefsin kalp arazisine ektikleri tohumlarıdır. Şayet o tohumlar oraya yerleşirse, şeytan onları tekrar tekrar sular ve onlar irade haline gelir. Sonra şeytan yine sular; bu seferde onlar kesin karar halini alır. Daha sonra da böyle devam eder ve neticede onlar fiile dönüşür.

Şüphe yok ki, düşünceleri savmak irade ve kararları savmaktan daha kolaydır. Zira onlar kesin birer karar haline geldikten sonra kul onları savmaktan aciz kalır. Daha zayıf bir düşünceyken onu savmayan kimse kusurludur. Aynı kuru bir odunun üzerine bir kıvılcım düştüğünde onu önemsemeyen daha sonra da çıkan yangını söndürmekten aciz kalan biri gibi.

Şayet, 'Akla gelen düşünceler nasıl kontrol altına alınır?' dersen, ben derim ki bu birkaç yoldan olur:

Birincisi, Allah'ın senin kalbine baktığına ve aklından geçen her şeyi bildiğine dair kesin bir bilgiye sahip olmandır.

İkincisi, Allah'tan haya etmendir.

Üçüncüsü, Allah'ın kendisini bilmesi ve sevmesi için yarattığı evinde (kalpte) bu türden kötü düşünceleri görmesinden utanç duymandır.

Dördüncüsü, bu tür düşünceler sebebiyle Allah'ın gözünden düşmekten korkmandır.

Beşincisi, O'ndan başkasının sevgisini kalbine yerleştirmemeyi tercih etmendir.

Altıncısı, bu düşüncelerin çoğalıp alevlenmesinden böylece kalbindeki iman ve Allah sevgisini sen hiç farkında değilken tamamen yok etmesinden korkmandır.

Yedincisi, bu düşüncelerin kuşlara onları avlamak amacıyla atılan yemler gibi olduğunu bilmendir. Zira bilesin ki her düşünce seni, ansızın avlamak için kurulmuş bir tuzağa atılan birer yemdir.

Sekizincisi, bu kötü düşüncelerin iman, Allah sevgisi ve O'na yönelme düşünceleri ile bir arada bulunmayacağını bilmendir. Zira onlar her yönden tamamen birbirlerine zıttırlar. Bu sebeple de onlar beraberce bir kalpte bulunursa mutlaka biri diğerini yener ve onu oradan çıkarır sonra da oraya iyice yerleşir.

Nefis ve şeytanın düşüncelerinin iman, Allah bilgisi ve sevgisine galip gelip onları oradan çıkardığı sonra da oraya iyice yerleştiği bir kalp hakkındaki düşüncen nedir? Ancak eğer bu kalpte hayat varsa bunun acısını hisseder ve yara aldığını anlar.

Dokuzuncusu, bu düşüncelerin sahili olmayan düşünce denizlerinden bir deniz olduğunu bilmendir. Şayet kalp bu denizin dalgaları arasına girerse orada boğulur ve karanlıkları içinde kaybolur gider. Oradan kurtulmayı ister ama çıkış yolu bulamaz. Zira kötü düşüncelerin sahip olduğu bir kalp kurtuluştan uzaktır. O azap görmekte ve faydasız şeylerle uğraşmaktadır.

Onuncusu, bu kötü düşüncelerin ahmakların dünyası ve cahillerin temennilerinden ibaret olduğunu bilmendir. Bu sebeple onlar sahibine sadece pişmanlık ve rezillik getirir. Kalbi sardığında oraya vesveseleri sokar, onun idarecilik görevini elinden alır ve halkını (azaları) ona karşı kışkırtır."[237]

Aynı zamanda kul şuna da dikkat etmelidir: Şayet günahlar alışkanlık halini almışsa ibadetlerin de alışkanlık halini alması gerekir. Dolayısıyla o, ibadet ve itaate götüren ve günahlardan uzak tutan yollara girmeli ve bir müddet bu hal üzere devam etmelidir. Ki böylece nefis itaate alışsın ve onu kolayca yapabilsin.

Hayırlara muvaffak kılan ve yüce derecelere ulaştıran yüce Allah'tır.

---

237 *Tarîku'l-Hicreteyn*, s.175-176.

5. Salih insanlarla bir arada olmak ve ilmiyle amel eden alimlerin hayat hikayelerini öğrenmek

Çok günah işlemenin ilaçlarından biri de kulun kendisini günah işlemeye sevk eden çevresinden uzaklaşması ve kötü arkadaşları terk etmesidir. Nitekim Ebû Saîd el-Hudrî'nin (r.a) Peygamber'den (s.a.v) rivayet ettiği şu hadiste buna işaret edilmektedir:

"Vaktiyle doksan dokuz kişiyi öldürmüş bir adam vardı. Bu zât yeryüzünde en büyük âlimin kim olduğunu soruşturdu. Ona bir râhibi gösterdiler. Bu adam râhibe giderek:

– Doksan dokuz adam öldürdüm. Tövbe etsem kabul olur mu? diye sordu. Râhip:

– Hayır, kabul olmaz, deyince onu da öldürdü. Böylece öldürdüğü adamların sayısını yüze tamamladı. Sonra yine yeryüzünde en büyük âlimin kim olduğunu soruşturdu. Ona bir âlimi tavsiye ettiler. Onun yanına giderek:

– Yüz kişiyi öldürdüğünü söyledi; tövbesinin kabul olup olmayacağını sordu. Âlim:

– Elbette kabul olur. İnsanla tövbe arasına kim girebilir ki! Sen falan yere git. Orada Allah Teâlâ'ya ibadet eden insanlar var. Sen de onlarla birlikte Allah'a ibadet et. Sakın memleketine dönme. Zira orası fena bir yerdir, dedi..."[238]

Muhammed b. Allân eş-Şâfiî bu hadis hakkında şöyle diyor:

"Memleketine dönme, yani günah işlediğin dönemde kaldığın yere gitme, demektir. 'Orası fena bir yerdir' ifadesi de onun kaldığı yerin niye diğeriyle değiştirildiğine dikkat çekmektedir. Ayrıca bu ifade, hallerini düzeltmedikçe kötü arkadaşlarla ilişkiyi kesmeye ve onlardan uzak durmaya, onların yerine hayır, ilim, salah, ibadet ve takva sahibi, örnek alacağı ve dostluğundan fay-

238 Buhârî, Enbiyâ, 6/512; Müslim, Tevbe, 17/84.

dalanacağı kimselerle arkadaş olmaya da işaret etmektedir. Zira böylece tevbesi ve Allah'a yönelişi kuvvetlenmiş olur. Çünkü arkadaş arkadaşını örnek alır."[239]

Peygamber (s.a.v) katilin ilk olarak fetva sorduğu şahsı "rahip" yani abid olarak adlandırdı. Zira o doğru bir fetva vermedi ve ona tevbe etme konusunda yardımcı da olmadı. Üstüne üstlük bir de onun günahlarına bir yenisini eklemesine sebep oldu.

Ama katile Allah'ın rahmeti konusunda umut kapısını açan ve yaşadığı yeri değiştirmek suretiyle ona günahlardan kurtulma noktasında yol gösteren kişiyi ise "alim" diye adlandırdı.

Alim ona yaşadığı yeri değiştirmesini tavsiye etti. Çünkü belki de katilin yaşadığı yerdeki mevcut kötü arkadaşlar, hayasızlık ve çirkin işler onu tekrar günaha sevk edebilirdi.

Nitekim zina eden bekar erkeğe verilen bir yıllık sürgün cezasının hikmeti hakkında da şöyle denmiştir: Bu ceza onun günah işlediği ve kendisine o günahı hatırlatan yeri terk etmesi, ayrıca kötü arkadaşlardan da uzak kalması için verilmiştir. Böylece tevbesinin kabul edilmesi ve hayatında yeni bir döneme başlaması ümit edilir.

Yaşadığı yeri terk etme fitnelerin çoğaldığı ve müminin dini konusunda endişe duyduğu zamanlarda bir gerekliliktir. Böyle bir ortamda müminin dinini fitnelerden koruması gerekir. Çünkü din kulun sahip olduğunu en değerli şeydir.

Ama bugün müslümanların bir çoğu bunun aksini yapıyor ve dünyalarını kurtarmak için dinlerini tehlikeye atıyorlar. Üniversitelerinden diploma almak ya da dünyalık elde etmek için küfür, isyan ve ahlaksızlığın kol gezdiği ülkelere göç ediyorlar. Oralarda şahsiyetlerini yitiriyorlar; kafir toplumların içinde eriyip yok oluyorlar ve dünyaları uğruna dinlerini feda ediyorlar.

Ebû Saîd el-Hudrî'den (r.a) şöyle rivayet edilmiştir:

---

239 *Delîlu'l-Fâlihîn Şerhu Riyâdi's-Sâlihîn*, 1/98.

"Bir bedevi Peygamber'in (s.a.v) yanına geldi ve şöyle dedi: 'Ey Allah'ın Resûlü! İnsanların en üstünü kimdir?' Peygamber (s.a.v) şöyle buyurdu: 'Canı ve malıyla Allah yolunda cihad edendir. (Bundan sonra ise insanlardan uzak) bir vadide Rabbine ibadet eden ve insanlara zararı dokunmayan kimsedir."[240]

Ebû Saîd el-Hudrî'den (r.a) Peygamber'in (s.a.v) şöyle dediği rivayet edilmiştir:

"Öyle bir zaman gelecektir ki, o zamanda müslümanın en hayırlı malı, dinini fitnelerden korumak için yanına alıp dağ başlarına ve otlak yerlere gideceği koyun olacaktır."[241]

Buhârî (rh.a.) bu iki hadisin bulunduğu bab için şöyle bir başlık koymuştur: "Uzlet, kötü arkadaşlardan kurtulup rahatlamaktır."

Aynı şekilde alimler de dini korumayı, kötü kimseleri ve bidatçıları terk etmeyi bununla birlikte salih kimselerle birlikte olmayı tavsiye etmişlerdir. Nevevî (rh.a.) meşhur Cibrîl hadisinde geçen ihsan konusundan bahsederken şöyle diyor:

"Hakikat ehli salih kimselerle bir arada olmayı tavsiye etmişlerdir. Ki bu sayede onlarla birlikte olan bir kimse onlara olan saygısından ve onlardan utanmasından dolayı kötü işlere bulaşmasın. Peki, ya gizli ve açık her halinde Allah'ın kendisini gördüğü bir kimsenin durumu nasıl olmalıdır?"[242]

Kurtubî de (rh.a.) *"(Ashab-ı Kehf'in) Köpekleri de mağaranın girişinde ön ayaklarını uzatmış yatmakta idi."*[243] ayetinin tefsirinde şöyle diyor:

"Eğer bir köpek salih ve evliya kimselerle beraber olması dolayısıyla böyle yüksek derecelere ulaşıyor ve Allah (c.c) kitabında

---

240 Buhârî, Rikâk, 11/331.

241 Buhârî, Rikâk, 11/331.

242 *Şerhu'n-Nevevî alâ Sahîhi Müslim*, 1/158.

243 Kehf, 18.

ondan bahsediyorsa, salih kimseleri seven ve onlarla birlikte olan tevhid ehli müminler hakkındaki düşüncen nedir? Ayrıca burada Peygamber'i (s.a.v) seven ve yüksek derecelerden yoksun müminlere de bir teselli söz konusudur."[244]

Şüphesiz ki dünyalıklara düşkün olan ve Allah katındaki ebedi nimetlerden yüz çeviren kimselerle düşüp kalkmak, kalpleri dünyaya meyletmeye ve ahiretten yüz çevirmeye sevk eder. Ama dünyanın geçici süslerine değer vermeyen ve Allah katındaki cennet nimetlerini arzulayan salih kimselerle bir arada olmak ise kalpleri dünyayı önemsemeyip Allah katındakilerin peşine düşmeye yönlendirir.

Her ne kadar son dönemlerde kendinde ilim, zühd, ibadet ve Allah'a daveti bir arada bulunduran ve ilmiyle amel eden örnek alimler çok az olsa da, İslam tarihi bu tür örnek alimlerle dolup taşmaktadır. Kendini kurtarmak isteyen ve bugün bizlerin içinde bulunduğu eksikliği öğrenmek isteyen kimse onları okumalıdır.

Eğe istersen ben sana eksikliğimizi söyleyebilirim: Eksikliğimiz Allah'a itaatsizliğimiz, ahiretten yüz çevirmemiz ve dünyaya düşkün olmamızdır. Düşük şeylere razı olmayan, üstün şeyleri değersiz şeyler karşılığında satarak kazıklanmayan onurlu nefisler, şayet Allah katındaki nimetleri düşünürlerse ve imanları da varsa, onların hedefleri geçici dünyalıklardan ve mal elde etmekte yarışmaktan çok daha büyük olmalıdır. Aksine onlar, Allah'ın da (c.c) buyurduğu gibi ebedi izzet ve nimetler için yarışmalıdırlar:

"İşte yarışanlar ancak onda yarışsınlar."[245]

"İşte ahiret yurdu! Biz onu yeryüzünde böbürlenmeyi ve bozgunculuğu arzulamayan kimselere veririz. (En güzel) âkıbet, takvâ sahiplerinindir."[246] ■

244 *el-Câmi' li Ahkâmi'l-Kur'ân*, s.3989.

245 Mutaffifîn, 26.

246 Kasas, 83.